跳過
學障的高牆

國內第一本非語文學障者的自傳

讓獨特的人生，
成為不受限的力量！

沈易達／前台北市西區特教中心主任

壓力之下展現的優雅

我跟郁涵的認識是恩師楊坤堂老師的穿針引線，那時，我在臺北市西區特教資源中心，楊坤堂老師擔任學習障礙、情緒障礙鑑定組的講座。有一天，楊老師請我幫一位二技生進行 NLD 的評估，他會從旁指導，除了確認症狀和影響外，也需要考量未來相關特殊考場的服務，尤其是電腦繕打的需求。

就這樣因緣際會下開始聯繫與安排評估作業。當時大部分的標準化鑑定工具的符應年齡層偏低，需要加上臨床的資料搭配分析，臨床診斷就變成很重要的要件。當時工作關係，臨床的資料和晤談就必須利用晚上下完班，透過 MSN 通訊軟體討論釐清。在評估的過程中，對於郁涵狀況的了解也就越發深刻。除了臨床的評估、狀況的釐清外，學校報告、研究所考試準備等等也都陸陸續續接觸，也就因為這樣對於學習幾乎就是全方面的介入。

就在那同時，我也練就一身判讀郁涵文章的模式。那時，我偷偷給了一個新名詞叫做「平面 3D 透視圖解法」。因為郁涵早期的文章、記事都是很直接將內心所想的一股腦兒的呈現，又因為書寫問題、思緒專注、肌耐力持續度等綜

合因素，無暇有太多的修飾和兼顧文章撰寫的原則。文章敘述性從一開始的焦點，越到後面開始字跡「飄散」，敘事會像高興的小女生小碎步的跳躍。

剛開始「判讀」文章，要花很多心思分段、分行、分句、分重點。每每讀完一個事件（幾乎都是密密麻麻的三、四頁）就會感到精疲力竭；尤其是到後半段，會重複失焦再聚焦的內容。後來發現應該像看平面3D圖，把眼睛焦點放在遠方，似看而非看的調整焦距，把心中圖像和眼睛所見的逐漸調整到心之所向、視之所想的方向，終於可以快速閱讀完郁涵想要表達的重點。對於有疑慮的語詞，就是中間在「瀏覽」過程中，會頓住、卡住的句子，這部分就看重要性，再跟郁涵討論釐清就好。經過這樣一來一往，越發能夠熟悉與了解郁涵的特質和狀態。

我喜歡用MSN跟郁涵討論的原因，主要是在文字的表達清楚，也同時容易建構其思緒脈絡；另外，有疑慮或是我累了、恍神後（包括偷偷追劇後）可以再回頭檢視重點。當然當下也驗證書寫問題和電腦繕打在表達之間的差異。

郁涵是一位動力旺盛、動機很強的人。對於自身的問題會想要釐清清楚（唉！這就是跟她接觸過程中最累的地方）。在自我釐清的過程中，也會去尋找解答和接觸新知找尋輔助、替代方案，來緩解自己的障礙問題，讓自己的學習、生活能稍順暢。

她的作品多呈現她的歷程、想法和解決方式和疑惑，從自我的經歷與調適之道寫下紀錄。對我來說，每一個特殊生都是獨特的個體，沒有一套學習型態可以放諸於他們身上，在面對臨床的接觸過程中，都需要去調整符應其需求，然後再給予輔導過程中，隨著狀況去修正與調整。和郁涵相處的過程中她也都在在的往這方向走。

　　她的作品，是她的歷程，是她的人生，代表她跌跌撞撞過的種種，代表她無畏前進的勇氣。這本書我相信只是個中途站，之後還會陸陸續續出其他的經歷和歷練的著作。海明威說：「勇氣，是壓力下展現的優雅！」正足以當作郁涵學習過程中的註解。

邱牧恩／門諾醫院職能治療組組長

陪伴學障孩子找到身上的光

　　與郁涵相識是於 2018 年至中國內陸一次服務隊經驗，當時我以職能治療師的身分，與醫師、物理治療師等專業人員，組成團隊以服務性質至當地培訓專業人員。第一眼看到身為特教老師的郁涵，只注意到她羞澀的笑容和有些內向的模樣，一頭短髮行為率性，和傳統的老師形象很不同。但後續讓我印象深刻的是，她在我所授課的每堂課程中，展現出比其他學員更加投入積極的態度；且在議題討論中一反內向地侃侃而談，更感受到她對於特殊孩子的困難有種強烈的同理心和使命感，讓我開始對這位「特教老師」感到好奇。

　　在飛回台灣的班機上，我們聊了將近四個小時，我驚訝地發現郁涵是在感統障礙、學習障礙和 ADHD 之重重挑戰下，相當辛苦地完成學業，還同時有護理、幼保和特教的背景……那是我第一次聽到「障礙者」本人結合專業知識，以個人主觀感受來描述這些困難；從觸覺敏感對心理崩潰的影響、視知覺和低張如何造成動作運用困難，到生活中因觸覺敏感、冬天無法接受擦護唇膏而嘴唇乾裂破皮等實際面會發生的困境。而她也同時分享了自己嘗試及克服的策略，這彷彿提供了一扇窗，讓我們這些家長、教師、治療師或朋友，

能夠一窺「障礙」的本質，而郁涵善於描述個人感受的文字風格，也讓我後續成為「JJ 的隱性障礙世界」粉絲專頁的一員，這些經驗分享成為我同理治療個案的重要參考。

《跳過學障的高牆：國內第一本非語文學障者的自傳，讓獨特的人生成為不受限的力量》本書的寶貴之處，正是郁涵回顧和萃取個人的生命經驗，在面對求學、就職和尋求醫療資源過程中的挫折，以及如何克服與跨越難關的策略和成功經驗，來與大眾、家長和專業人員分享。書中說：「人生的精彩不在學習階段，而是用一輩子來實現那精美的目的。」學習障礙的孩子看似在求學階段難以有極高成就，但在我們的支持下一樣能在各個專才領域閃閃發亮：小學時不會寫字算數的畢卡索、高中被退學且不擅社交的愛因斯坦，以及有閱讀障礙到特教班的湯姆克魯斯，都曾經不被看好，如今對社會的貢獻成就卻是常人難及。

在郁涵的人生故事中，我看見這些挑戰造就她與眾不同的特質，她用研究的精神來認識自己、用倔強的個性來證明自己做得到，而這個自我察覺、尋找支持、自我接納和擁護的生命歷程，閱讀起來令人動容且有希望感，推薦給每位想更認識學習障礙樣貌的人，必能從中獲得激勵和信心。

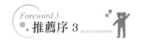

洪雅惠／國立彰化師範大學特教系副教授

越過高牆，你也能閃閃發光！

因緣際會下認識郁涵，是個身上有故事的人；特別的是，很多身障生想隱藏真實的自己，郁涵卻不避諱讓大家知道她同時有 ADHD、NLD、書寫困難、動作障礙，還帶有自閉特質，以及各種曲折不易的成長過程。正是這樣的真實與坦然，成為接納自己的開始，而不是遮掩、戴上面具，再帶著悲苦、無人了解的自憐的心……於是，曾有的一切交織整合成為她生命的產業，獻給社會大眾！

本書難能可貴的是以平實的文筆，就困難點，提供原因探尋及對應策略；也就更寬廣的格局，探討自我擁護及生涯進路，行文不卑不亢，充滿強烈的韌性，可以看見郁涵的生命一直不斷在擴充及前進！

非常樂意及感到榮幸能替郁涵此書寫序，我相信任何人都可以從此書獲益，每個人都能受到感動及啟發：保有那顆熱誠及好奇的心，持續學習，不受限！跳過困難重重，興起發光！

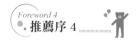
曾子嘉／天母品恆復健科醫師

酸澀人生就用甘甜調味

以前總覺得執業越久，就會越來越少遇到看不懂的個案。然而，如今我身為執業超過十年的復健科醫師，卻還是常常在病患身上學到好多好多我不懂、摸不著頭緒的事情；而郁涵就是這樣一個案例。

第一次門診的時候，我看著一個成年人跟我說要來做「職能的感覺統合治療」，我想我應該在她說完這一句話時就有點愣住了。倒是郁涵自己侃侃道出一路以來在生活挫折、各種醫療診斷、各種治療及求學經歷之間的跌跌撞撞。

好幾次我忍不住打斷她的話，只是因為我太過訝異、忍不住必須問一下：「妳這樣可以讀完書？」「你這樣能夠生活？」之類的問題。

面對這樣一個傷痕累累的病人，我其實一開始有點不知所措，在靜下心來把一些基礎的評估做完後，我提出了一些治療的想法，並且跟她說「我們試試看！但不知道能夠幫助妳多少？畢竟我沒有真的遇過跟你一樣的個案」。

爾後的日子裡，我陸續在治療紀錄裡看到她的進步；當然，偶爾也會聽到一些治療中的「災難」，甚至有時必須出

來救援一下，例如：檢查她扭傷的腳有沒有韌帶撕裂？治療需不需要暫停或調整？

有段時間她去對岸工作了，聽到她可以在職場立足、發揮自己所學，真的很替她開心！有一次她來找我，跟我說最近在練烘焙，準備考烘焙丙級執照⋯.. 看到她一直在挑戰自己的人生，都讓我對我自己一直待在舒適圈的生活感到慚愧。

每個人都生而不同，有的人注定在起跑點就比較酸澀一些，而郁涵是一個能夠把上帝給的檸檬汁調味成甜美的蜂蜜檸檬的人。很開心能夠在她的治療路上陪她一段，更開心她勇於把自己一路以來的心路歷程跟大家分享。希望藉由這本書能夠鼓勵有相似經驗的人，並且提醒教育及醫療體系的人員，能夠更加重視非語言學障的隱性個案；我們多一點的留心，可能就是一個孩子人生的轉捩點。

詩篇十八篇～
上帝給我的獨特應許

耶和華—我的神必照明我的黑暗。我藉著你衝入敵軍，藉著我的神跳過牆垣。

惟有那以力量束我的腰、使我行為完全的，他是神。他使我的腳快如母鹿蹄，又使我在高處安穩。他教導我的手能以爭戰，甚至我的膀臂能開銅弓。

（聖經詩篇 18 篇）

　　學障，真是令人感到很無力和絕望的一種障礙，因為連最基本的學習都好像一座翻不過的高牆！學障者受困在城中，又孤獨又絕望，任憑喊破喉嚨，都好像無人聽見、無人拯救。

　　曾經為了寫一份中文期刊摘要的我，耗時 30 小時卻寫不出半個字，我完全不知道該如何才能摘要！每份報告對我來說都是滿腦的知識，卻無處傾洩，完全沒有出口；一方面緊張著要交報告的時限已到，一方面挫折明明不是不懂的事，卻無法組織成報告，直接堵死在牆中。還好我有基督教信仰，在我讀經的時候，上帝告訴我，祂要成為我的幫助，就像一開始的詩篇 18 篇的那幾句經文，我藉著我的「神」要穿過障礙，而且「神」要使我有「能力」可以穩行。說也奇怪，自此之後，我還真的慢慢地穿過了學習的大森林，慢慢發展了許多策略，我勉強爬上了學障的高牆，坐在牆上成為那擺渡者，企圖鼓勵更多的孩子和家長，一起走向穿越障礙的旅途，並找到自己的人生道路。

　　做為一個學障者每天和學習纏鬥是家常便飯，唸到絕望了，「躲在棉被裡頭不想出來再面對世界了」的狀況是天天發生！有的孩子不甘心，於是有企圖心且障礙沒有那麼重的孩子，決定要

跟學習對著幹，他們一邊生氣、一邊奮發、一邊經歷絕望，好像一個渡不過的劫；有的孩子，已經疲累了，完全喪失了讀書的動機，並且開始自我放縱，甚至社會邊緣化，開始走向不歸路。

曾經一個國內少輔院的研究發現：**高達 8 成的青少年罪犯有隱障需求。**這個數字不得不讓我們深思：隱障學生的支持系統是否足夠？學生是否被困在困城當中，坐困愁城卻無人聽見、無人理解、無人支援。做為一個隱障者，我懂隱障的困難；身為 ADHD、感覺調節障礙、非語文學障者，當中的難、痛、無助……都是我能懂、能理解的。

本書有兩大重點：一是非語文學習障礙；二是感覺處理障礙（舊稱感統障礙）。感覺調節障礙可以發生在不同的障礙者身上，最常見的是自閉譜系的個體。常常我們從外在看，覺得他暴躁，但你真知道他們經歷的是什麼嗎？動作的笨拙又帶給人的自尊有多大的傷害？我們或許還真不懂這些孩子的困難，因此希望大家可以跟著我的書，一同走入我的世界，走入障礙者的世界，一起來關心這群如謎一般的孩子。

最後，我要感謝我許許多多的治療師們，他們一路陪著我復健、陪著我找生存之道，接納我感覺痛苦的日常；謝謝我的語言治療師、心理師及諮商師，還有天母品恆治療所的所有專業團隊人員，從復健科曾醫生、職能治療師們、物理治療師們，他們讓我放鬆，讓我在復健中可以找到希望與成就感；而且那裡治療不僅專業，也讓我很愉快。另外，也謝謝我許多的特教伙伴、工作的同事們，還有我的特教老師、諮商師，在許多的治療當中，我慢慢累積了我的知識，並建構出我對特教知識的認識，使我可以助己助人。感謝上帝給我一切資源，使我可以在困難中生忍耐，忍耐生老練，老練生盼望，盼望就不至於羞恥，並可以用我的經驗與知識來助人利己，成就了我小小的粉專「JJ 的隱性障礙世界」與這本書。

Contents
目錄

第一章 自傳篇

第二章 感覺處理障礙（SPD）

自傳篇

　　身在謎中，卻不見謎；看見謎底，卻仍困在
謎中。尋尋覓覓，神龍見首不見尾，謎存謎空，
終究為謎。（我對學障的注解）

非語文學障定義（NLD）

　　學習障礙有很多類型，最常聽見的就是閱讀障礙、書寫障礙，但其實學障還有數學障礙、非語文學障、口語學障。不同學習障礙的大腦損傷處、症狀表現、影響層面都不一樣。

　　本章節著重在非語文學障的介紹，以及我做為一個非語文性的學障如何在校園和社會上的生存之道。

✲✲ 什麼是非語文學障？

　　非語文學障屬於學障中的少數人口，而且比大多數的學習障礙來得更為隱性，因此整個研究歷史比其他學障來得更晚，也更容易讓人誤解和與其他障礙混淆。

✎ 症狀

非語文學習障礙的主要症狀如下：

1. 視知覺障礙（這幾乎是非語文學習障礙者的核心缺陷）。

2. 觸知覺損傷。

3. 複雜心理動作方面的缺損（統整模組及動作問題）。

4. 對於新的材料及情境上有調適的困難，而傾向固著及沒彈性。

5. 左側肢體（動作、協調、觸知覺）能力顯著弱於右側。

✎ NLD 症狀會展現的層面

一、社交方面：

因為視知覺分辨的困難，無法透過他人的非語言訊息來掌握人際互動脈絡，也無法體察別人的情緒表現，對於言外之意也不理解，因此，在沒有人教學的情況下，無法總結一般人的社交互動潛規則。非語文學障在處理訊息上，非常倚賴語言，而顯出「字面王」（只能理解文字表面的意思）的表現。

二、新環境的不易適應：

　　非語文學習障礙因其核心障礙包括了新環境的調適困難，其性格也傾向易焦慮體質，並且容易在不熟悉的環境裡感到驚慌、崩潰；也因個性偏向內向害羞、觀察能力較差，所以對於新環境的訊息掌握會比較弱，加上思考的僵化，以致於變通能力並不高。

三、動作的笨拙：

　　動作其實是由多層面的能力共同組成，以細動作來說，其中二個很關鍵的能力：觸覺和視覺來說，影響很大。NLD的個體因觸知覺的損傷，致其手指失認、手部觸覺遲鈍或是本體覺不佳，導致了不靈活和笨拙；再加上視知覺的主要障礙，導致了無法分辨距離、方位、大小，而造成手眼協調上的困難。兩個障礙的合併，無疑雪上加霜，讓 NLD 更陷入動作困境。因此 NLD 一般都有知覺／動作協調的問題，在日常裡常顯得笨手笨腳。

四、學習困難：

　　非語文學障者一般因其右腦損傷的假設，加上動作的笨拙，一般來說，在體育、音樂、美術皆難有好的學習表現。寫字的困難，因其動作和視知覺的困境，顯得隔外突出；也

因為視覺心象的困難，導致對於數量感並不好，而顯現了數學學習的困難。

而 NLD 的學習因為其文字語音的優勢，其在低年級時，學習困難並不顯著，但隨著需要理解的概念增多，認知學習越發抽象化和需要推理時，NLD 的學習困難就會展現出來；但因中文字的特性，有一些 NLD 的孩子也可能在學習之初就已經發生阻礙。

NLD 最大的強項是在「背誦」，而最大的困境在於「理解」，因其機械式記憶的優勢，若能教導其使用適當的記憶策略，將有助於在學習上以聽覺優勢和記憶優勢，做為學習突困的管道。

✲✲ 非語文學障與亞斯伯格的區別

非語文學障因其非語文的分辨有困難、動作的笨拙，加上對於新的環境適應較沒彈性、易焦慮，因此常會跟「亞斯柏格」的特性混在一起，非常難以區分；也因此很容易被判定為輕度自閉（亞斯伯格）。

另外，雖然兩者都有相當笨拙、焦慮、人際有困難、對於社會適應差、彈性低的相同特質，但非語文學障與亞斯伯

格不同的是：亞斯伯格（現稱「輕度自閉症」或「自閉譜系」）的核心障礙是「心智理解的困難」（無法站在他人角度想事情），亞斯畢竟還是自閉類，所以診斷上要符合以下的標準：侷限的興趣、重覆的行為、溝通社會上的障礙。在情緒表現上，亞斯因其固執性，通常比較容易暴怒，而且缺乏心智理論（理解他人或換位思考）的能力，所以顯得特別的粗魯、易怒、無理。非語文學障則是在對於社交的非語言訊息難以判定，而展現出奇怪的社交表現，例如：自顧自的說話（不會與人輪流發言）、看不出他人所傳達的非語言訊息、不理解別人的言外之意……而且，非語文學障通常顯得更為焦慮、膽小、容易崩潰（哭泣），但對於心智理論是沒有問題的（學習也沒有問題），只是因為視知覺障礙，以致無法分辨非語文的訊息和感受到非語文的訊號，對於圖像的處理也比較有困難；而亞斯通常對於圖像的處理還是比較占優勢的。

此外，NLD 不存在有「興趣侷限」的問題，只要提供適當的社交技能學習之後，NLD 者的社會掌握及調整會比自閉光譜者好上很多。非語文學障不一定能在低年級被診斷出來，但卻很容易在小時候被誤診成為自閉光譜者，家庭因而陷入長年的診斷困惑。

克服非語文學障歷程

在大家初步了解了非語文學習的狀態是什麼之後，接下來，就要跟大家分享我個人的非語文學障的成長故事。

❋ 我非語文學障的受教育過程

∥幼年時期

日常生活面：

小時候，我印象最深刻的經驗，就是我「上廁所時的恐慌感」，因為我無法分辨馬桶上面是否放有座墊。對於一個幼兒來講，沒有座墊的馬桶是可怕的，因為會跌入馬桶。我唯一的方法，只能靠手去摸馬桶來判斷上面是否有馬桶座墊。

另外，從小我就是手腳不靈活的人，對於家人來說，我總是跌倒、總是打破東西、總是笨手笨腳，加上我的過動症……我被列入不受家人歡迎的人物。

∥小學時期

日常生活面：

進入小學後，跌倒還是我的日常；加上不擅整理、不擅自我照顧，甚至上廁所時，還會因解不開釦子而尿在褲子上……每天都是髒兮兮的回家，我的制服沒有一天是乾淨的！曾經我家有一條常規清單：如果當日制服能保持乾淨，則可以獲得一個代幣獎勵。

每天的生活自理也是一個很大的挑戰，光是每天穿衣的扣鈕扣、解鈕扣，對我來說，就是一個疲於應付的挑戰；穿衣服、褲子前後不分，穿鞋子則左右難辨，我一直到了小六還不會綁鞋帶，甚至連打死結都有點困難。

媽媽一直很明白我，也比較接納我，雖然她總是會試著在平時的日常裡教我，但她從不強求，即使我學不會，她也不曾勉強過我。一直到要入讀國中了，不穿白布鞋不行，爸媽只好強把我抓來學，但誰知道教了一個多小時，我還是不

會綁鞋帶！當時爸爸急得想打我一頓，好在媽媽攔住了他，我才免了一頓打。我後來一直到五專才能順利的綁好鞋帶。

課業學習面：

　　我的笨拙也影響到我的藝術類學科，就算幼兒園時期學了幾年畫畫，但我的畫畫能力永遠停留在幼兒園大班程度；如果我的學科都是乙，我的非學科就是拿丙和丁；我打不到羽球、不會踢鍵子、不會跳繩、走路還會跌倒，小學時期運動會基本上沒我的事。

　　課業學習上，從小我的數學就不好，在小三階段都還不明白數字的順序，數著數著就會往回跳著數，想好好的從 1 數到 100，根本是不可能的任務！「幾何」更是我的痛點，我就像在看天書一樣，就是不明白這些圖形、陰影是怎麼回事？！而我的寫字狀況更是慘不忍睹，截至目前為止，字跡一直停留在小學生低年級水平，握筆方式仍是處於幼兒階段，成人的字尚且如此，遑論小學時的字跡了，基本上是道士鬼畫符的程度，根本沒人能看得懂我寫什麼？！所以寫字一直是我一輩子最大的困境、痛點和恐懼。

✐ 國中時期

課業學習面：

升上國中後，開始放飛自我，什麼都不管，尤其是美術、家政、工藝等課程。別人努力在課堂上完成指定作品，我雙手一攤，除了惡作劇之外，配合課程的事一樣都沒做，每次都是期末由老師通知家長繳交學期作業。好加在，我有一個天生巧手的媽媽，老師也深知這一點，所以每次期末都非常有默契、心照不宣的通知家長，讓媽媽在假日帶著我做；所謂帶著我做，就是媽媽做、我在看，所以我的工藝、美術成績，其實都是我媽媽的成績。

雖然上了國中，但數學對我來說，還是充滿挑戰，尤其是幾何，看見它我就傻了，跟本沒有學習動力。所幸，我就把幾何給放生了；直到現在別人跟我談到國中數學，尤其說到幾何中的各種英文字母，我就開始學習抵觸，預想這些就是我學不會的東西。

運動學習面：

我在國中迷上了籃球，於是自顧自的報名籃球隊，但其實我並不會打籃球，連「三步上籃」也是在球隊時隊友花了一個中午的時間教我，我才學會的。

　　我非常愛運動，但偏偏動作笨拙、學習又特別的緩慢，我知道可以因為我的熱愛，而躋身運動員之列，但大概一輩子都難成為優秀頂尖的運動員。也因為熱愛運動的本性，我現在回頭看當時的自己，發現：雖然我的「大動作」以臨床測評來說，結果還是慘不忍睹，但是因為我有自信、也願意去學習，也覺得大多數的動作我基本都能做出來，所以對於我一直沒有努力過的「細動作」，在這兩個領域相較之下的各種動作經驗、動作模式及自信心的表現，落差就極其明顯。

〆五專／二技

課業學習面：

　　五專因為自己的幼稚，選擇了護理科做為專業。笨手笨腳的我簡直是進入了災難當中，我都不知道我在執行技術時，到底是我比較害怕，還是病人比較怕？！學習抽藥時，常常一瓶藥被我抽完了，但有半瓶藥是掉在地上。

　　另外，明明平常腦袋轉得很好、知識吸收的也不錯，但一到考試時，就會整個亂了套。實習時，老師跟我說：「JJ，妳去準備對 OOO 床病人做 XXX 治療……」我身邊一定會有另一人同行；通常我實習照顧病人，若是身邊沒帶個隨時可以做替手的同學，我是不敢進入病房的。

實際工作面：

在學校工讀時期，我被安排在圖書館，這段日子亦成為我人生的重大災難之一。我因無法剪直線、無法上磁條、包的書膜都是氣泡……成了我每日被罵的重點行為；甚至一度被認定精神有障礙，要求家長帶我去精神科求診。

經過了五年的洗禮，我非常肯定我這輩子絕對不適合進入護理界。在重新思考人生方向後，決定把志業投入一直很吸引我的「特教」工作。

二技考試，我選擇了幼保科。在幼保的學習、實習，基本一切都好，唯一的問題：我動作笨拙！還好，我實習時遇到了很好的園所，他們每個人都很接納我。當我綁不了孩子的串珠時，老師會說放著，她等等來綁；我不會綁孩子的頭髮，老師就讓我去檢查孩子放學時的書包；甚至在早晨特殊幼兒的團體陶土課時，老師要求我拿一塊陶土跟著孩子們一起練手功能；當我實習結束時，園所還向我拋出了橄欖枝，邀請我加入教學團隊……可惜，因為當時的人生有其他規畫，也只能無奈地離開這一個我心中的教育樂園。

診斷確認：

　　開始懷疑自己有學障是在五專五年級的時候，就在我已診斷並治療 ADHD 的一年之後，我覺得我還是怪怪的，明明注意力似乎改善了、專注學習的時間也延長了，但我還是常常經歷記憶的困難和寫字的窘境，在統整知識上也似乎一直撞壁，我常過於拘泥字句，而卡在字句和觀念間無法融合……這個情況在讀兩本同樣主題的教科書時會格外明顯。以觀念來說，其實兩本書要說的基本相同，但在字句使用及分點上，兩本教科書肯定有差異，可是這樣的差異，就足以使我的的認知系統崩盤，一直糾結在「總有一份標準答案」的執著中。

　　於是，我開始把對自己的專注點，從 ADHD 轉向學習障礙面向上，企圖想確認自己是不是存在著學習障礙？當時赤子心的執行長蔡美馨女士，將我介紹給當時任職市北教大溝通障礙所的所長楊坤堂教授。在我跟楊教授表達我的生活、動作、人際、學習的困難症狀後，楊所長讓我知道我是一個 NLD 的個案；並在我二技一年級時，將我介紹至台北市西區特教中心進行教育診斷與評估，最後經西區沈易達老師施測後，確定「我有 NLD」！楊教授委任沈老師做為我的非正式特教老師，在學習技巧、報告撰寫和人際理解方面提供我教學介入。

因應解決：

　　二技二年級，我申請了特教生資格鑑定，確認情障、疑似學障，提供電腦考試調整服務；也因著這樣的鑑定結果，我得以用電腦考碩士，順利的進入了特教碩士的大門。

✐研究生

摘要困境：

　　做為一個技職生，升格為特教所的碩班生，這當中的學習調適還是艱難的！光是讀文獻、摘述文獻重點這件事，就幾乎差點沒把我搞到休學。我讀什麼主題和材料都沒有問題，但一旦要我整理成重點，見樹不見林的我，直接被搞暈掉，我無法分辨哪些才是我要呈現的材料。

　　還記得我的指導教授帶著我進行個別指導，當教授企圖向我解釋文獻內容，我對她說：「老師我解釋給妳聽……」等我解釋完，教授一臉茫然的看著我，問：「妳都已經懂了，那妳的困難是什麼？」教授很難想像，如果都已經懂了，怎麼還會無法摘要重點、無法寫報告。

書寫困境：

　　對於時間沒概念的我，也總是異常天真！曾經我企圖在 20 分鐘的報告中，塞下 120 頁的 ppt。這件事讓我的指導教授感到錯愕與震驚！他向沈老師討教這個現象，結果我被沈老師笑了很久……過往我寫的文章或信件，總是長篇大論，而且完全不分段，我的指導教授開始堅決要我寫給他的信，一律只能一句一行，自此，便完全改變了我寫作的習慣。現在看我的粉專會發現，我大多數的文章是以句子的形式呈現的。

　　經過了研究所指導教授的關照、訓練與洗禮，我開始慢慢蛻變，慢慢的找到我的學習策略與風格，也重建了一些方法。雖然現在的我，仍然每天在發現新大陸，但是隨著自我理解的加深、生活經驗的增加、學習經驗的累積，我慢慢找到屬於我自己的學習策略。希望後續的分享，可以成為更多有同樣困難家庭的經驗索引，好讓孩子可以找出屬於自己的學習策略。

*** 我的特教人生

　　身為 ADHD、NLD 與書寫困難、感覺處理障礙的動作障礙者，還帶有自閉特質，活生生就是個障礙混合體。

　　每天光調節感覺處理障礙，就是一個不容易的壓力，例如：如果我前一晚沒睡飽，我當天就會特別需要本體和前庭的刺激。我會想咬自己的腕關節，然後透過關節擠壓的伸展運動來舒緩，接著我會後悔早上為何沒跳了床才出門；喝水時，我常會嗆到自己，因為我小肌肉不太靈活；若是我在家裡盪鞦韆沒盪夠，我就特別容易前後搖晃我的身體……觸覺和聽覺的敏感，帶給我日常很多壓力感受。

　　另外，我的視知覺速度太慢，以致我展現了視知覺障礙的表現。其他還有動作方面的問題，例如：動作不好、力量調節困難、動作分化不佳、身體肌肉經常聯動，無法控制好力量，導致四處釀災。特殊需求常見的情緒亦難以調節，其導致的焦慮或憂鬱問題及睡眠失調，我也沒能倖免，每日需服用各式各樣的藥：助眠藥、抗鬱劑、抗焦慮劑，外加利他能，靠著各色大小不一的藥丸，才能維持我日常的穩定運作。

　　做為一個特教老師，每天我面對不同類型的學生，當自閉症的學生感覺不舒服的時候，我都能理解，因為我們正共

感同一個壓力源。在這時候，身為成人的我，要協助他們調節這個感受；透過專注的協助他人，我也或多或少的減少了那份感受調節障礙的壓力。

每當我用各種簡單的語言向智力有困難的學生解說各種概念時，我慶幸自己的 ADHD 帶給我的創造力。當我領著智障學生在餐廳工作時，我發展遲緩的細動作，讓我感到挫敗與尷尬，我可愛的學生們反而表現的比我更好、動作更為靈巧，這時候我就會把舞台讓給他們，自己退居策略師。因為每當有臨時狀況，這些學生就需要有人出來當他們的大腦，協助他們從驚慌中可以鎮定下來、從卡住的狀態可以出來；他們需要有人下達指令指揮現在該怎麼做，並安撫他們的情緒，使狀況得以圓滿解決。另外，智障學生有時做事欠仔細或專注，也需要老師出來干預，起到督導的作用；同時，還要注意他們的人際交友和金錢運用，希望他們可以順利的成為社會的一員。

在面對學障和情障學生，我要留心他們的天份，還要經常充當諮商師，陪談各種心理挫折和壓力，並協助學生找到自我；同時還要開導這些學生的父母。身為學情障的過來人，能夠給學生和家庭很大的支持，看著學生們找到自己的

人生方向，我也感到非常欣慰。而等他們長大了，他們又成了我很好的資源，不僅協助我幫助其他的學情障生，我們也經常一起共同分享每日生活的甜苦、挑戰和街頭策略（生存之道），並相互鼓勵著。我很多學生都跟我亦師亦友，一直相伴到他們成年。

我喜歡當個特教老師，每天總有不同的挑戰來到我的面前；我也愛我的學生，我們彼此尊重、日日相扶持，我教他們，也從他們身上得幫助；我們是水和魚，彼此需要著，並且共生共長。身為特殊需求成人，雖然我無法改變我的DNA，我一生都在學習和障礙共存，並持續做著日常復健訓練，但我的生命卻轉化成為知識，並與特殊需求群體共享這份恩典，因此，我也總是心存感恩！

第二章

感覺處理障礙（SPD）

　　「感覺統合」這個名詞對大家肯定不陌生，但有多少人能弄懂什麼是感覺統合？又為何感覺統合那麼重要？怎樣的孩子會有所謂的感覺處理障礙（舊名：感覺統合失調）？這章節將從這些基本概念講起，並且分享我個人的感覺處理障礙帶給我的影響和困擾，以及過往多年我進行職能治療的歷程。

認識感覺處理障礙

　　雖然這本書談的是學習障礙，但不能忽略的是，「感覺處理障礙」是很容易會合併出現的學習障礙；但也不表示任何一個障礙必然會同時出現有感覺處理障礙（包括自閉症）的問題。非語文學習障礙的主要核心因素是在心理功能方面，以視知覺為主要失調的障礙；而因為視知覺也是感覺統合的重要元素，因此本章節先行討論感覺處理障礙，再進一步談學習障礙。

✲✲ 什麼是感覺統合？

　　回答這個問題之前，先一起了解我們在日常的感覺有哪些吧！除了我們熟悉的五感（視、聽、觸、嗅、味）之外，

還有前庭覺和本體覺，當這些感覺發生後，人的大腦怎麼經驗、怎麼知覺、怎麼處理這些訊息，就成了非常重要的關鍵因素。人所有的反應都在於怎麼知覺並處理這些訊息，當一個孩子經歷了不尋常的知覺體驗，或是在這些感覺訊息出現後，大腦卻沒有辦法做很好的統整，甚至造成個體內部的刺激壓力，並影響了日常生活的適應，我們就會說這個孩子感覺調節有障礙；而這樣的感覺失調與訊息無法處理，會大幅的影響孩子對於所知覺到的感覺經驗、身體的失控，甚至是在日常生活適應、情緒處理、學習及社會關係都會經歷到適應與學習的困難。

職能治療中對於感覺統合治療最重要的目標，就在於協助個體學會處理這些感覺，以及有效的掌握這些訊號帶來的整體環境的訊息，好讓個體有能力去好好的適應環境刺激、能掌握情緒與準備好進行學習，進而才能真的好好的學習，並有好的日常適應功能及社會人際能力。

感覺統合立基於一個理論之上：就是「大腦的一體論」。所有的感覺之間會相互影響，並且作用在大腦中，而大腦要能夠處理訊息並學習，一定是要建基於快樂的情緒當中，同時在多向度的刺激與活動的變化下，使得大腦可以學習與練

習不同的能力，因此**感統最重要的關鍵因素在於「開心」**！若是大腦感受到壓力，那不管做了哪些活動，感覺統合訓練效果就會很差，而且大腦傾向排斥與迴避不愉快的經驗，那就更談不上所謂的學習與練習了。因此，在選擇感統治療的時候，請務必要挑選有經驗、好玩會讓孩子喜歡的職能治療師，而且要在正規的復健機構進行，而不是坊間號稱在做感覺統合，並以重覆性動作為主體的訓練機構。

✱✱ 感覺處理障礙症狀

到底什麼是「感覺處理障礙」，又有哪些症狀呢？

感覺處理障礙主要分成兩個主要的症狀：一個是感覺調節異常；另一個是動作能力異常笨拙（動作調節異常 praxis）。

✐ 感覺調節異常

一般指的是身體的七大感覺異常的敏感或是過度的遲鈍；特別是在五感上（視、聽、觸、嗅、味）。當個體在經歷到這些感覺時，會有異於常人的反應（過大／過小）；而在前庭覺和本體覺的異常，一般會反應在動作上或是人際關係的影響上。

✎動作能力異常笨拙

當觸覺的不敏感或是本體覺的遲鈍，就會造成一定程度的動作問題—動作能力異常笨拙。這類的孩子平日就是粗手粗腳、動作也不太靈活，經常手眼不協調，而影響了日常的自我照顧、書寫畫畫、運動，甚至行動與計畫等等方面的事情。

動作異常又分為單純的「雙側協調障礙」，或是較為嚴重的「動作失用症」；而我們比較常見的孩子情況，一般就是雙側協調障礙，像我就是；我有嚴重的感覺調節障礙，並且伴隨著雙側協調障礙。

感覺調節障礙治療與解決策略

　　接下來將針對不同的感覺元素進行定義討論，並分享在我身上造成的影響，以及在過往的治療和策略摸索中，我體驗到了哪些有效的策略。

✱✱ 感覺調節障礙構成標準

　　就感覺調節的層面來說，除了分成敏感或不敏感，有沒有影響到日常生活外，也要看個體如何反應（承受力）。有的孩子對刺激不敏感，但也沒特別的反應，我們頂多說他不知不覺，這時我們會給予孩子更大量的感覺刺激使其有感覺、體會到感覺；有的孩子總是覺得感覺不夠（不一定是敏感或遲鈍），所以會一直尋求特定的感覺刺激，而這些主動的孩子常常會帶給大人很多的困擾。

尋求刺激與敏感與否並不成任何直接因果，有的孩子特別的敏感，感官容忍閾值又低，可是偏偏又愛尋求刺激，等於孩子覺得需要與過量中間的空間，只在毫釐之差，這類的孩子就會成為非常暴躁、難滿足的孩子；有的孩子很敏感，一點點感覺刺激他都能察覺，並且一下下就感官崩潰，並且延伸大量的情緒痛苦感與刺激逃避，會影響到日常生活。以上都是需要協助的情況，若孩子只是單純感官敏感，但刺激承受力好，這並不足以成為困擾，自然也不需治療。

構不構成障礙的標準，很大的元素取決於孩子的承受能力，以及他與環境的互動情況。舉個例子來說：有的孩子聽力很好，可以聽到很小的聲音，但他不會摀耳或情緒崩潰，那聽力好是孩子的特異功能，算不上感覺調節障礙；或者，孩子只是在玩旋轉木馬會暈，但孩子也沒其他的行為／情緒問題，因為玩旋轉木馬為非必要、非日常生活發生，因此也不需要特別的診斷或處理，除非家人很堅持每天都要去遊樂場玩旋轉木馬。因此是否足以到障礙的程度，很大取決於對生活功能的影響。

除了對感覺的敏感度與個體的承受能力會納入考量外，另外要考慮的還有知覺方面的問題。「感覺到」只是大腦接受到了這些感覺並知道這些感覺的存在，而「知覺」是對於感覺到的訊息的正確程度；最常見這類的問題，會出現在視知覺障礙和聽知覺障礙，而非語文學習障礙者又有相當的比例會有觸知覺障礙（或是一種本體覺障礙）。這些知覺方面的障礙經常會導致學習出現困難，如：書寫障礙、閱讀障礙、語言障礙的發生。

　　此外各種感官是獨立存在也是相互聯動的，有可能某種感覺敏感，卻其他感覺遲鈍；也可能因著接受器的不同，在同一種感覺系統同時存在的敏感與遲鈍的矛盾，最常見的就是孩子觸覺敏感卻不怕痛。我就是這樣的，因為感覺到輕觸和痛覺是不同的接受器。

　　那又為什麼說是聯動呢？因為大腦是整體的，大腦的神經與腦區總是交叉的在彼此聯絡。如果一個區塊弱了，可能另一些感官就會動起來，帶動了補償作用（感官神經系統的網絡重置），最為人熟知的是盲人的觸覺、聽覺可能會異常的好，雖然是大腦自發的補償作用，但也是盲人針對其他感官進行強化訓練的結果。

感覺調節障礙會分別在視覺、聽覺、觸覺、口腔感覺、前庭覺、本體覺、其他感官異常等七種感官上顯現。大家除了可以依介紹分別了解其緣由之外，在接下來的章節裡，我也會融合我自身的經驗與有效治療策略和大家一起分享，提供參考。

我與常見感覺調節障礙的治療歷程

** 視覺

視覺是人類重要的知覺,需要分成兩個層面的問題來探討:一種是感覺的敏感與否;另外一個重要的問題則是視知覺的缺陷。

⁄ 視覺不敏感的孩子:

經常視而不見,我有一個學生就是這樣:一隻毛絨玩具在他眼前的地板上,因為跟其他玩具混在一起了,他就是看不見。當然我們也可以說這是一種視知覺的缺陷,這一點在後續會深入探討。

✍視覺敏感的孩子：

特別是在自閉症的孩子中常見。這些孩子很擅用視覺訊息，有很優秀的圖像處理能力，但是對於視覺的刺激特別不容易承受，比如：燈的亮度、白日的陽光，他們通常會需要瞇著眼或是戴上墨鏡。此類的孩子也可能出現視知覺的處理困難，因為所有的視覺訊息都太強烈，以致每樣東西都很鮮明，無法從中找到要的東西，會因感到視覺訊息過多、過於混亂，而感到崩潰。

此外，喜歡視覺尋求的孩子，經常會喜歡一些視覺現象，比如：旋轉（沖馬桶水、風車、輪子）或是喜歡看泡泡、亮亮的東西、滴下來的水……無論是哪一種感官，當個體感到著迷，並且開始追求這些刺激帶來的滿足時，很容易就產生所謂的行為問題。

當然如果孩子的認知與理智可控，並沒有帶給周圍人困擾或是個體自己的學習阻礙，這就不算什麼問題；但若已造成了他人困擾與個體適應方面的阻礙，那就要進行協助，並適時、適量、合理的提供刺激需求，以滿足個體的感官需求，好使個體可以重新進入正軌，可以更好的適應與學習。這種介入方式，我們稱之為感官替代的行為處理策略，一般在面

對低智力或自閉症的學生，感官的自我尋求功能與感官刺激替代物，往往會是我們在處理問題行為時的首重考量。防堵是堵不住的，疏洪才是根本解決之道。

視知覺

視知覺是指當我們大腦經過視覺器官收入了視覺訊號後，對於這些訊號的訊息解讀與處理能力。大腦對於不同的刺激，處理的腦區也都不同，這與視知覺（視神經）傳導路徑有關（例如：臉盲症、物體失認症），這些都是因為不同腦區的受損，而無法對這些刺激做出解讀。（若對這方面想更深入了解，可參考：《視覺與大腦》一書，愛盲出版。）

一般在兒童職能的領域談到視知覺，主要是在講述六種視知覺方面的心理能力：單純視覺區辨、視覺完型能力、視覺記憶力、序列記憶能力、視覺恒常性、視覺背景與主題能力，這也是一般視知覺測驗在測的能力，除了正確性外，一般也納入了速度考量。

我是屬於視知覺各項能力勉強正常、但視覺處理速度過慢的情況，也就是給我時間，我大致都能做正確，但知覺到的速度是別人幾倍時間。

這樣的情況會帶給生活哪些影響？

最明顯的是在觀察動態動作時，很容易不知道動作是怎麼發生的，自然要模仿也是非常不容易的。

我的故事

我的視力天生就右眼弱視加內隱斜視，導致我的左右兩眼視差非常大，左眼度數深、右眼度數淺，又因為弱視，只有勉強可以看到 0.8。我右眼的功能比左眼差，但是我的主視眼是右眼，這就變成看得清的左眼看過的，右眼都還要確認一次；又因為我內隱斜視，導致右眼的焦聚都是偏焦，加上右眼的震顫又強，於是視覺就一直在改變焦聚，但視覺速度又慢。

有一次我去測視力，視光師說我的左眼正常，但我的右眼在刺激呈現 3-5 秒後才能知覺到，而我的主觀感受是知覺到了下一秒，焦聚又跑了，就好像一台會自動聚焦的投影機，不明原因一直在重新調焦、聚焦。眼科醫生也覺得我很神奇，他說像我這種單眼天生弱視和斜視的個案，一般大腦都會抑制掉弱的那眼的視覺，但很明顯的我沒有，我兩眼在互搶視覺，這也是為什麼我覺得使用視覺會很累的原因。在配了棱鏡、矯正了斜視後，感覺視覺就沒有跳得那麼快了，好像比較能控制眼球了。

我曾經和趙文崇醫生（埔里基督教醫院小兒神經科主治醫師）討論視知覺和弱視的關係。趙醫生說我的視知覺問題就是因為弱視／斜視造成的，但也要思考這個弱視和斜視是怎麼來的？說真的，這件事沒有一個答案，但在我的 MRI 照影中或許有了一個說法：在 MRI 的結果中，顯示我的大腦在右側的頂葉皮質皺折較少，損傷視知覺的路徑，並影響了動作與知覺（尤其是視知覺）。醫生說我的大腦是天生結構與眾不同，也可以說是一種大腦視覺障礙，不同於一般學障者的腦區受傷，也不同於普通人的大腦。但在現場實務中，許多的專業人員都發現，有為數不少的學障者似乎都有視覺使用困難，或是隱性斜視的問題。

　　視覺問題與學障之間的關係，目前還在被探討和研究中。

　　視知覺是我主要的困難之一，我的問題呈現在以下幾個方面：

1. 學習上的障礙

　　我的閱讀視線是跳躍的（因為震顫和無法對焦），不同於大部分同樣情況的孩子會出現的跳行跳字、閱讀緩慢，我反而練成了速讀的本事；較大的字體、行距空間會讓我閱讀

得更快、更輕鬆，這個現象在英文閱讀中達到了極致，使我必需使用擴視機來進行英文閱讀。

　　視覺是我最嚴重的弱勢，而視知覺的障礙算是非語文學障的一個核心障礙，例如：我常常受困於不知道二個大小差異不是太明顯的東西，不知誰大誰小；我也無法知道我現在拿的這個東西，跟某個東西尺寸上合不合，我經常需要透過測量及比對才能分辨。

2. 社交上的困難

　　我有一點輕微的臉盲，或是最近某人變胖了、頭髮變長了等等，我也有困難能觀察出來，所以我從來不對別人的外表做出任何反應，例如：你的髮型真好看、你的衣服真漂亮……我對這些現象是不產生判斷力的。有一次，我熟悉的一位沈老師減肥了，我雖然看見他了，但我只把他當成陌生人，可是聽見他的聲音又讓我感到困惑……這應該是沈老師吧？！他又不像沈老師；他到底是不是沈老師？我就一直盯著他看。當然，沈老師是最知道我的，他默默的觀察我一段時間後，才開口問我：「幹嘛？」還有一次，在台北市立教育大學巧遇剛好來校辦公的沈老師，我也沒辦法第一時間認出他，我只覺得他有點面熟，最後還是要靠他來主動跟我打招呼。

像這樣的問題對我來說，幾乎是普遍性的。我的指導教授在初初帶我的第一個月，我根本沒辦法在路上認出他！我認人很多時候要靠情境判斷，要在某個典型的情境裡（如學校、教會、社團），我就可以認識一個人，一旦出了情境後，我就有可能不知道對方是誰。這問題也曾發生在我帶的社團中，我無法在路上認出幹部，也認不出坐在我後面的那個同學，但若是跟我非常頻繁的碰面，我就比較能認出對方；聽聲音也有助於我判斷對方是誰。

3. 缺乏視覺心象的想像力

我的腦袋無法做任何圖形相關的呈像。舉個例子：如果現在請你想顆蘋果，你的腦袋中可能已經出現一顆紅紅的蘋果。但我不具備這樣的能力，我連一點輪廓都沒有，更沒有顏色。這多少也會造成我寫字時的困難，無法想起一個字的樣子，我雖然知道我寫的字不對，也知道哪個字才是正確的，但就是想不起來；也就是我的再認能力沒問題，但我的視覺再生能力出問題。我常常要寫出來後，才知道一個字長怎樣，然後不對、擦掉，再換一個字試試，也因此我在視覺記憶的表現是非常糟的。我也沒辦法在腦中進行圖形操弄。

4. 視覺處理速度極慢

我速度慢到都讓職能師驚訝了！一個正常人 25 分鐘可以做完的視知覺測驗，我需要耗時一個多小時，如果遇上有的視知覺測驗要計時，我基本都會因超時而拿低分。另外，視覺處理缺乏效率，也導致我在學習體育時，有嚴重的不知道這些動作如何發生，即使做十幾遍給我看也都一樣，因為你動完了，我卻還沒有接收到；我的動作學習一定要透過慢動作的分解加講解。

我去做職能治療時，第一次上課，職能師給我玩七巧板，我硬生生就是拼不出來。後來職能師開始每次都讓我大量的盪鞦韆（也是因為我前庭需求高），結果幾次之後，我就可以在較短的時間裡拼出來。這也讓我發現了視覺處理速度加快的祕訣，而且真得會明顯差很多！

至於我為什麼會有「視覺速度慢」這樣的現象，說法真的很多元，我也無從判斷起。若從我的視力情況來說，我天生有懶惰眼，而且兩眼視差極大，又有斜視，可能這些情況影響了我的聚焦能力，讓我視覺追視也不算順利。我讀書基本是用速讀法（一眼掃一個片區），因為我的眼睛完全無法定焦（無法逐行看），所以我讀書很快，可能大腦被我這樣逼習慣了（但很多人沒法做到的，就會出現嚴重跳行跳字，

而且閱讀緩慢的問題）。在我身上最奇怪的事，還不是我閱讀超快，而是我一般會先掃一個頁面的右半部（也就是行尾的部分），然後才看左半部（行首的部分），可是我這樣逆著讀，好像也沒有出現困難。

此外，字體的大小行距，完全可以左右我的閱讀速度和理解能力；這件事在英文上尤其明顯。當英文字小於 30 號字或大於 34 號字時，我就無法讀理解。唸碩班的時候，我都會把英文期刊放大 200％，本來是希望增加行距好擠下我寫不小的中文字，結果意外發現，自己這樣讀英文很順利。過了幾年，工作經常要讀到英文，閱讀的惡夢又發生了，突然想起在碩班的經驗，於是拿放大鏡試了試，果然同個句子，理解能力完全不再一個層次；沒放大時我讀了三四次，還只能理解大概，但用放大鏡後，我閱讀能力整個輕鬆起來，可以一次過。

於是，我又把英文 mail 轉貼到 word 上開始進行閱讀實驗，再次證實了自己的猜想，並查出了 30-33 號字這個字體範圍。發現了這件事後，我就跑去視覺輔具中心買了一台隨身型的擴視機，我的需求也就是 4-8 倍的放大，同時我也在手機安裝了放大鏡軟體，主要是為了開會時，讀投影幕上的 ppt，所以同事時常會看我開會時手持手機在對螢幕；也曾

經有好奇的人走到後面看我再看什麼，不知道的人還以為我是在錄影呢！

　　一開始要去買擴視機時，其實心理有點難接受，感覺也有點尷尬；拿手機出來看螢幕時，自己也會覺得彆扭，尤其是開會只有幾個人的時候……但我不斷地與自己的心理對話，讓自己表現淡定。過程中我發現一個事實：如果我不尷尬，尷尬的就是別人（其實也沒有人會尷尬，但有人會有疑問）。

　　這幾年有人告訴我，我有大腦視覺中樞的困難，所以有這些表現，看起來是「視知覺障礙」，但又跟很多視知覺障礙的人表現得不太一樣；甚至有個熱心的朋友還專程帶我去參加大腦視障礙的研習，讓我和英國的醫生交流。當我說出了一部分的困難後，醫生跟我解釋，同時還說了很多我沒跟他說、但卻和我生活經驗一樣的問題。

　　從聽見「視覺皮質損傷」（一種視覺損傷）一詞時，心理一開始是抗拒並否認的，我拒絕面對了一年，雖然後來去聽了演講，還有了和這位醫師的對話，但心理還是很抵觸，覺得奇怪、無法適應；然後又過了一年，我才慢慢的在生活中，不得不接受這件事。因為除了生活有上述的困擾之外，

我還要想辦法減低因為視覺的困難導致的生活笨拙，有太多生活的證據顯示：我張眼會遠比我閉眼還要更笨拙（但這不代表我的動作笨拙全是視覺的原因，因為從各種肌肉的活動看起，特別是我的手部肌肉，整個還沒有發展、分化開來），視覺就是我動作笨拙的最大元兇。

5. 生活面的影響

平常的我可能因為弱視的原因，沒有大小、距離的估計能力，以致於常常會在生活中做出讓人不能理解的舉動，比如：拿了明顯小了一半的箱子要來裝某個物品，明明不對比，但我是無法做出正確反應的；在考烘培蛋糕丙級的時候，學習做蛋糕捲，差點沒把我們老師氣死！因為我的蛋糕烤出來總是明顯的一邊高、一邊低，整個是呈斜切面的狀態，但我卻不知道。我無辜的看著老師一次又一次的發脾氣，因為我真的看不出來整個面糊鋪平了沒有、成品是不是差不多大，而且離譜程度可以達到 2-3 公分。我常自嘲我雖然沒瞎，但是卻表現的像看得見的瞎子，這也讓我滿挫折的。

6. 其他面向的影響

包括在人際方面，除了前面說的，我有點臉盲之外，我也不完全能掌握別人的非語言表情，所以常被抱怨「白目」！

另外，不太能掌握社會訊息，也讓我經常處於困惑狀態、常被嘲笑。好在我的直覺非常強，能夠靠語言訊息和推理來推估社會線索，所以雖然在人際關係有挫敗，但還不至於從人際中完全出局。但說真的，這一切都很艱難。

此外，我們做動作很多時候是靠視覺搜尋訊息，然後動作進行配合，甚至需要手眼協作。在我發現視覺可能是個阻礙後，有個做視障重建的朋友，建議我試著先不要使用視覺，把眼睛矇起來，用其他感覺來嘗試看看動作有沒有辦法改善？經過嘗試後，非常令人驚訝的是：我的動作能力明顯提升了一個層次，比睜眼時來得更加靈活，而且屢試不爽。

但視覺畢竟是一種重要感覺，可能因為我的本體覺不佳，也因為還沒習慣新策略，我顯然更習慣使用視覺來做為主要搜集訊息的方式，但功能不彰的視覺能力，反而成為一種更大的扣分與阻礙；我還是習慣性的靠眼睛來協助動作，然後再經歷動作的挫折。

人就是那麼奇怪，習慣的不一定是最好用的，例如：我明知我的視覺是扣分的，但我還是習慣使用視覺；我的右眼功能明顯比較弱，偏偏它是主視眼，我的大腦只認定右眼所接收到的訊息。我曾經把右眼矇上，企圖只讓左眼工作，結果我的右眼不舒服，總一直想看，這也讓我的左眼很不安，

使得兩隻眼睛都很受挫，只好還給右眼自由了。我只能說多了一種嘗試、學習了一種策略，可能多給了自己一種可能性，讓自己有機會可以嘗試或使用，但似乎沒辦法強迫大腦或視力器官的改變，好像它們也有著自己的習性；我能讓大家都各調整一步，但沒辦法讓他們改變本性。這也好像我們在面對孩子的教養是一樣的，孩子始終是他自己，教養只是能協助彼此多一種可能，但卻無法強制的讓孩子成為另一個他。

我的職能治療經驗

　　面對視知覺方面的障礙，職能治療師透過提供我較多的前庭刺激後，要求我完成視知覺有關的活動或作業單。這樣的治療策略，讓我的視知覺速度明顯提升，並且透過反覆的練習與比對，可以練習視覺大小與距離感的掌握。當時我學烘培，職能治療師就是經常要求我把黏土分成一樣大小，既練習精細，又訓練視知覺；其他的視覺搜尋、視覺專注力練習單，也都差不多是同樣的道理，像拼拼圖和七巧板也是視知覺訓練活動的一種。另一方面，有個烘培班的老師協同視障重建專業復健諮商員，一起提供我不同的策略，期待除了視覺外，我可以同時用其他的感官知覺來替代功能不彰的視（知）覺能力。

✳✳ 聽覺

聽覺不敏感的孩子會出現聽而不聞，你叫他，他沒反應，好像聽不見；或是喜歡把音源開得很大聲。

聽覺敏感的孩子也很容易被各種環境聲音給搞崩潰，經常在發脾氣或大哭，甚至出現攻擊。環境聲音又分成高頻音、低頻音或特定噪音。高頻音比如：雨聲、喇叭聲、果汁機、小孩哭聲、施工聲、鐵碰撞的聲音；低頻音像是鼓聲、機器聲、冷氣聲、影印機的聲音；特定噪音較常見的像是許多人也受不了的「指甲刮黑板」的聲音。

讓人比較困惑的是：他們的表現會不一致！比如說，有些孩子明明聽覺很敏感，卻會把聲音開得很大聲。還記得我們前面說過的，感覺調節障礙的重點在「承受能力」，也就是情緒反應。當孩子很敏感，卻又喜歡尋求刺激時，只要不崩潰，就都沒有問題；或是，孩子有時候似乎可以忍受某些聲音，有些時候又不行，有些時候又要尋求這些聲音……其實我們的生理狀態是一直處在一個動態的模式，可能我失眠了一夜，隔天早上我的大腦非常疲憊，需要一些過度的刺激來使大腦能持續有活力，於是我便會尋求一些過度刺激（聽覺／觸覺）來嚇醒大腦；又或者我因為壓力很大，整個人很

焦慮，我對環境聲音的種類或刺激量的忍受度也會來得比平常低。憂鬱的大腦，也可能促使對環境更加的敏感……而這些生理狀態的不同，就是造成孩子反應不一致的主要原因。

　　一般來說，壓力大、焦慮、憂鬱、累、刺激源過多、環境太複雜太陌生、刺激時間過長，甚至是天氣的變化，都會造成孩子比平常更敏感、更容易感官崩潰（melt down）。感官崩潰的表現，會大叫、大哭、突然跑、突然大跳、生氣、摔東西等等，我也常經歷內在這些崩潰的壓力，只是我認知比較好、社會意識比較強、會在乎他人及考慮後果、比較努力忍耐而已。

　　此外，自閉的孩子會有很強的感官崩潰反應，必需要在考慮另外一個因素：心智理論。在許多實務經驗當中，我們發現很多時候，孩子未必是因為感覺崩潰而大崩潰，讓他們大崩潰的真實理由是：你們明知道我不喜歡，你們還故意讓這些事發生來氣我。因為站在心智理論障礙的角度，有這樣困難的人是不知道別人和我不同，因而覺得我不需要說，你們也應該知道我的規則，而你觸犯了我的規則，除了故意挑事沒有別的解釋了。其實這樣的心理過程在正常的學前幼兒身上也會有，這屬於正常兒童發展的一個部分，只是有心智

理論障礙者是有困難發展出除了「我」以外的視角，而停滯在幼兒的自我中心期。

聽知覺

　　跟視覺一樣，聽覺也有知覺障礙，又叫聽知覺障礙。常常會影響到個體的語言互動能力，除了音調常不能聽清，或音韻覺識／結合有困難，導致學習拼音上有困難外，平常也常會聽錯話。比如我的學生，你叫他「寶貝」，他卻聽成「倒眉」，這樣做出來的反應就常是天差地遠、牛頭不對馬嘴，久而久之，人際關係也會受到影響。這樣的事情常常會讓他陷入困境，覺得事情怎麼都不合理，或是產生邏輯跳躍的狀態。在聽課的過程中，理解更是很大的障礙，常會有聽沒有懂，或是錯誤學習……面對這樣的學生，除了可以放慢速度重新強調咬字、把話說清楚外，也可以做些聽覺訓練；此外輔以文字或圖片加上說明的多感官管道，亦可以增加學生吸收訊息的正確性。

我的故事

　　視覺是我最弱的能力，聽覺敏感就是我最困擾的問題之一。從以下幾點顯現：

1. 聽力異常敏銳

我的聽力很好，基本上很遠很小的聲音我都聽得見。我住五樓，客人才走到三樓，我就知道我的客人回來了；每天我在中心，孩子才出電梯，我已經知道有孩子來了，而且從孩子的聲音習性，我可以判斷出是哪個孩子來了；在中心裡，孩子在不同的房間搞事或做事，我都可以知道哪個房間有異常，比如：A 小孩在廚房偷吃糖粉、B 小孩在玩噴壺、C 小孩刷牙的時候走出了廁所，只要任何不在合理邏輯裡的聲音，基本上都逃不過我的耳朵，這可以說是一種特異功能！

2. 容易受環境影響

別人跟我說話時，有時我會不知道對方在跟我說什麼！這不是我的聽力不好，事實上我的聽力跟貓一樣敏銳。

那聽不清別人說的話，又是怎麼回事呢？

我發現每當環境中有各種聲音時，我就會產生聽覺困難，比如：在馬路上跟人聊天，有時就會有困難，會聽不清楚別人在說什麼；在路上使用手機也是，因為所有的聲音都混入我的聽覺中，我的腦袋不知道什麼才是我該掌握的主音。這個問題不只是在外面會發生，在課堂上亦是如此。

　　在我讀研究所時，就感覺上課有點困難。當校園在施工，或是冷氣的聲音，都會搞得我沒法好好的聽清楚上課的內容。可是很有趣的是，有可能我換個位子，所產生的回音不一樣，我就有可能聽得清楚了；或是我換個角度，比方說，將某隻耳朵朝向地板或說話的人，也能有助於我聽清楚。雖然這些姿勢很怪，但是為了要更能聽得清楚別人的講話或上課的內容，我也只能這樣。通常這個時候，我會透過我的面部表情，來讓大家感受到我專注聽話的誠心，因此至今也不曾遭到抗議。

　　大學時代，我一直懷疑是自己聽知覺中樞有障礙嗎？做了檢查，結果又正常。一直到這幾年才知道，原來我的聽知覺困難，導因於視知覺中樞的障礙，許多視知覺中樞有障礙的人，都跟我一樣，遇到說話太快的人或太難理解時，視覺就會自然飄移；但如果對方說話速度慢了下來，視線就可以自然再移回來和說話者對視。後來透過檢查證明：我的聽知覺問題就導因於聽知覺太快、視知覺速度太慢，兩個感官無法同步，產生無法理解聽到的東西與情境，造成理解困難，或人際處境的無法正確知覺。

3. 無法忍受高頻音

「生活裡的聲音太多」也讓我感到相當困擾；經常搞得我瀕臨崩潰邊緣。

我尤其無法忍受高頻音，像是：雨聲、鞭炮聲、施工聲、喇叭聲，常常外面在下雨，我在家裡抓著耳罩在避雨，即使已有一副耳塞，加上一副工業耳罩，對我仍沒用，我還是聽得清清楚楚！走在路上，喇叭響起，那種刺痛感及驚恐感，讓我超級不想出門；甚至每次路過工地，我總會驚恐的盯著施工地，就像看見怪物一般，怕被牠攻擊一樣。

上課時，同學的私語聲、冷氣的聲音，也都讓我覺得很難受；突發的麥克風音響噪音，甚至之前去考研時，休息等待區的音樂聲，都讓我難受到要崩潰！過年的鞭炮聲、煙火聲，響個不停的更是讓我痛恨；冰箱融冰的聲音、暖氣變涼的聲音⋯⋯都足以讓我嚇得想逃至十萬八千里遠。我只能每天躲在降噪耳機的庇護下，艱難的生活以及殘喘過日。可想而知，我的精神壓力有多大，好似長期處在噪音之下的生活者。

我的聽力測驗顯示，我在高頻音可以聽到 0 分貝，這也證明了我的敏感！

我的職能治療經驗

聽覺敏感是最難處理的感統問題之一，但卻不罕見。簡單一點的做法就是：迴避聲音，減少刺激。耳塞、耳罩是最常被建議使用的，但說實話，觸覺敏感的我是沒有辦法忍受入耳式的耳塞的，我寧可吵到崩潰，也不要觸覺有壓力；但也有小孩是跟我做了完全相反的選擇。

目前我是採用降噪耳機在防禦。

降罩耳機分為兩種：被動降噪和主動降噪。一般被動降噪的材質是吸音海棉，價格比較便宜，也比較常見，對於低頻噪音有較佳的降噪效果；主動降噪一般是用科技降噪，通常是那些高等級的耳機才會有，價格也較為昂貴。目前主動降噪比較常見的款式還是耳罩式耳機，但隨著科技的突破，這兩年 BOSE 的 CQ 系列出現了十級主動降噪的藍芽耳機，而且不是耳罩式的，是一般入耳式的（但又不是深度入耳的那種），雖然還有許多缺點待改進，但已經是目前最好、同時兼備了不刺激觸覺又能防禦聽覺敏感的耳機了。我相信在各大廠的努力競爭下，不出一兩年，我們就有更多主動降噪小型的藍芽耳機可供選擇了。

另外，我發現我聽覺承受力比較高的時候，是在騎車的時候，或許是因為速度的變化，刺激了前庭，導致我雖然還是聽力非常好，但卻可以忍受路上的喇叭，這是步行時所沒有的。

足夠的前庭刺激，好像有降聽敏的作用，這件事我還沒有完全的驗證完成，但似乎是一個方向。這個發現，或許也說明了，為什麼一些聽樂治療在聽治療音樂時，會同時提供前庭刺激的必要性。我其實沒試過聽樂治療，而且聽樂治療的體系還滿多的，費用也昂貴，每個人的反應也不太一樣。這個療法屬於「有助益的」療法之一，但卻不在確認「有用的」治療當中；此外，對於有癲癇的孩子，聽樂治療是禁忌，會誘發癲癇的發作。

✱✱ 觸覺

觸覺遲鈍的孩子會經常的弄髒自己而不自知。此外這類的孩子也經常併有本體覺的問題，導致觸知覺非常遲鈍，致使精細動作也笨拙；有的甚至會有「手指失認症」的問題，而無法知道自己的手指怎麼運作，影響了書寫。若孩子又喜

歡觸覺尋求，那就會經常東碰西摸。曾經我認識一個青少年，因為喜歡頻繁的碰觸他人身體，手也從來不曾收回在自己身上超過一分鐘，結果不到兩個月的時間，就得罪了二百多位的青少年，成為大家討厭反感的對象（也因為青少年時期的發展，一般來說，身體會更加的敏感，討厭被碰觸）。

觸覺敏感就是麻煩的一群，平日洗澡、洗臉、梳頭都會哭，也討厭剪頭髮（或討厭留長髮），什麼東西都不敢碰，顯得非常膽小。平日與同學互動，也總是說別人打他，使其常處於憤怒的狀態；甚至有的會出現反擊行為。另外，只要天氣一變化，整個人就會情緒不對勁，容易鬧脾氣。

我的故事

我是屬於天生觸覺敏感那一型，很多再平常不過的生活小事，對我來說卻像如臨大敵。

1. 過激的觸覺反應

從小媽媽為我洗臉，我躲；為我洗頭髮，我哭；為我梳頭，我叫；而且我討厭長頭髮，我總覺得長頭髮碰得我難受，一直到國小三年級，我媽媽才放棄，讓我可以剪短髮，我就一直是短髮到現在；平日吃水果也是，只要果汁一沾到手，就必需去洗手，因此有時連一顆枇杷都吃不完。

另外，做為一個沙遊師，我對沙子很好奇。有一次，我去參觀一所學校的沙遊室，看見別人家的沙，我好奇的摸了一下，誰知道那些過粗的沙子，直接觸發了我敏銳的觸覺，我開始不停的按摩雙手，但都沒辦法緩解，也沒辦法冷靜下來……大約過了半小時，我才從驚恐中恢復正常。做為一個治療師，就要先當一個病人，每次我在接受沙遊分析時，都很排斥做溼沙，因為做完溼沙後，觸覺都是不舒服的！

2. 對滋潤物品的排斥

冬天，對我而言是最痛苦的季節！因為皮膚的乾裂，讓我的嘴唇經常冒血，我又受不了油的東西，舉凡乳液、唇膏，都是我無法忍受的東西，經常我被迫在流血發炎和觸覺崩潰中二選一。我通常寧可放任其發炎流血，因為觸覺崩潰比疼痛更難忍受；觸覺崩潰雖然不會痛，可是塗抹那些油性的滋潤物品在身上，就好像有人不停的在觸摸我，會讓我全身都起雞皮疙瘩，整個人的精神會變得驚恐，大腦會一下子就崩潰了，只想大喊大叫、打滾，時常一個小時還冷靜不下來。（以往在我參加心理團體時，有些帶領者喜歡使用乳液，我通常都會要求我自己來，對我而言，手指即使只沾了一點點，就可能已經過量了。）

3. 人際互動的禁忌

　　天生觸覺敏感也反應在與人的互動裡。以前在學校，如果有同學從背後碰我，我都會反射性的彈開和動手攻擊，但我有忍住不去打人，而是告訴對方這樣很危險，請他們不要這麼做。我在幼兒園實習，孩子從後面熊抱我，我幾乎是要尖叫的，但我也有忍住，並把孩子從後面抱到前面來；我不想傷害孩子，孩子也喜歡我，所以我願意為了愛來調整我自己。

4. 只穿特殊衣服款式／材質

　　平常只要天氣一變，或者有微風輕刮，我整個人就會像被無數的手摸遍全身似的，所以我經常會帶外套出門，也喜歡穿帽 T，因為我隨時要保護我的觸覺不被激發。（從小我穿衣服就很挑，特別是小時候，我的身體是不能碰到毛線材質（毛衣、毛毯的）的。）有一年，Lakin 出了一款帽 T，在頸部是有釦子的，我發現後大喜，一口氣買了二十件，就怕以後遇不到這種帽 T。把釦子釦好後，不僅有很好的包覆感，風也不容易進入身體或摸到臉；平常我穿外套我也總喜歡把拉鍊拉到最上方，就是要有很好的包覆安全感。

<u>我的職能治療經驗</u>

　　我實在對於自己的敏感覺得生氣，我決定要好好的對付觸覺敏感這個問題。

* 乳液

　　我從塗一隻手臂開始試，當乳液塗上了手臂，我整個人大崩潰……就這樣試了半個月，崩潰時間慢慢地從一個小時縮短成半小時；崩潰的時候，我會放聽樂治療的情緒調節音樂，搭配平板支撐的運動，或是躲在重力毯之下，尋求重壓後的放鬆。差不多一個月的時間，觸覺敏感似乎有好多了；但有段時間放任不刺激後，就又退回到了原點。

　　現在面對冬天，我以蘆薈膠取代乳液，並不是蘆薈膠不會激發我，而是激發一下就會過去了，不會引起大腦長時間的難受感。我在使用乳液或蘆薈膠前，會先用熱水沖臉，並且按摩，透過熱和壓力來使觸覺先沒那麼敏感，然後才用這些東西。一旦觸覺還是被激發了，我便會做平板支撐，並且用重力被壓住自己，直到冷靜。

* 觸覺刷

　　以前在學校上感覺統合的課程時，老師也都有教我們使用觸覺刷。老師知道我觸覺敏感，故意讓我當成教學示範對

象，待老師把我刷過一遍之後，我當下雞皮疙瘩全部跑起來。我後來跟治療師形容「像是全身被侵犯一遍的感覺」。

觸覺刷和關節擠壓是一套的，要整套做完。在臨床上，對於觸減敏有很好的幫助。觸覺遲鈍和情緒不穩的孩子也可以用觸覺刷，但這三種情況的刷法都不太一樣。如果你希望協助孩子調整觸覺情況或情緒，請先諮詢過職能治療師，讓他們針對你孩子的需求，來教你怎麼使用觸覺刷。

一般來說，觸覺敏感被激發，誘發的是身體的強烈焦慮反應，通常輕觸或一些不舒服的材質才會誘發這樣的感覺。在治療室裡，職能師一般會在遊戲中去建立孩子對不同觸覺材料的接觸機會，並且帶給大腦愉快的經驗，好使感覺可以減敏。此外，觸敏被激發後，提供大量的本體覺和深壓覺會是很好的抗結法，可以幫助個體從觸覺的感受中釋放出來。

* 束腰

我的職能師也建議我可以用束腰讓自己的身體有壓力感，我覺得這也是不錯的感覺；甚至為了增加不同的壓力感受來緩解自己，我還去找了不同類型的護肘，要求都只有一個：就是以黏釦材質為訴求，並且能調整到勒緊的程度，好給不同的關節處帶來需要的壓力感。

＊背重物

　　對於孩子情緒不穩定，背重物也是很好的選擇，當然也有所謂的「壓力背心」這類的東西；其實書包放滿書也就可以了……這些都會帶來類似天寶・葛蘭汀所說的「擠壓機」的功能，但我還是覺得重力被已經夠舒服了。

＊重力類與壓力類用品的注意事項

　　重量是孩子體重的 1/6，一天可以使用多次；但使用時長不要超過 20 分鐘。（話雖如此，實際上，我對重壓的渴望不是 1/6 而已。）

　　聽一個職能師說，他有個個案也是觸覺敏感的，爸爸每天提供孩子全身性的重壓，結果孩子的觸覺敏感好轉了很多。這方法我一直還沒有嘗試，但有興趣的朋友也可以試試看。

＊＊ 口腔感覺

　　口腔感覺真是一個相對較於複雜的感覺，小小的嘴巴就是用來吃東西的，有的孩子就很需要口腔滿足，甚至會咬一些非食物的東西，這與焦慮情緒可能也有關係。像我小時候就經常咬衣服、項鍊、鉛筆……吃東西就只是因為「喜歡」

和「需要」，就是為了尋求口腔滿足；但不吃東西和挑食可就有好多原因了。

* 原因一：孩子不吃硬的東西

　　因為肌肉張力低，口腔肌肉沒什麼力氣，吃什麼都覺得累，唯有喝湯、喝粥最不累，所以吃來吃去不外乎是湯泡飯、豆腐、布丁、蒸蛋……這些不太需要咀嚼的食物；不吃菜也不吃肉，因為咬起來費力氣，吞嚥也不太靈活。

* 原因二：有的孩子很多食物都不吃

　　這可能是因為觸覺敏感，也可能是味覺敏感；要不嫌棄口感（特別是軟質食物，如：稀飯、豆腐），不然就是嫌口感太多元了（如：摩摩渣渣，甚至是飯菜混合），甚至還有嫌棄味道的（不熟悉、不喜歡、太強烈、太清淡）。

* 原因三：孩子是視覺系的

　　食物若是看起來不漂亮，或某些特定顏色（如：黑色），孩子怎麼都不肯開口進食。

　　不吃東西的原因非常多種，口感、味道、質地、硬度、顏色、氣味、熟悉程度、食物的混合雜度……父母一定要好好的觀察孩子不吃哪些食物、又偏好哪些食物（有的孩子喜

歡脆感、有的孩子喜歡 Q 感），去了解這些食物是否有共通性。諸如對於食物的特性有特定偏好或討厭，都是屬於口腔感覺敏感的範圍。

我的故事

* 挑食

從小我就非常挑食，吃飯經常要花很久的時間，這個不喜歡、那個不要吃，菜裡有蔥、蒜，我就開始做噁、哭鬧……一直到小學五年級，媽媽終於放棄做菜要放佐料的習慣；一直到現在，我家做菜仍是不放蔥也不放蒜。

我喜歡湯泡飯，因為飯太乾又太硬，我吞得很費力；空心菜總是咬不斷、吞不下去，最後又會從我喉嚨給拉出來，所以我真的很不喜歡吃飯時間。另外，我也討厭一些糊爛的口感，比如：茄子、香蕉……這些食物我從小就不喜歡吃；我偏好布丁、蒸蛋等軟質好吞嚥的食物。

* 無法嚐鮮

對於沒見過的東西，我也總是懷著恐懼之心看著，任憑別人說破嘴，我都不肯輕易嘗試。我在海外工作時，有時會看見一些不曾見過的水果，同事總告訴我：「試試，很甜的。」但我光看到外觀就無法接受，因為沒有見過，而且食

物不是甜不甜的問題，食物還有氣味、口感等問題，對我們來說，這不是一句「很甜」，就可以解決的。

像有一次我去泰國的育幼院服務，那天廚師心情大好，煮了「摩摩渣渣」當飯後甜點。孩子們吃得可開心了，但當我一勺放入口中，我整個人的大腦就被激發了，不是這個食物難吃，而是這道甜點的材質太多元了，有長條的果乾、圓圓的豆子、有硬的、有軟的、有大的、有小的，我的大腦完全接受不了，也處理不了，反而在味道上它沒有什麼特別之處，我也不討厭；但光是因為多元又複雜的材質，我整個人陷入感官崩潰中，近一個小時才恢復正常。

我對新環境的適應也很差。剛入五專的那時候，因為對於學校的餐廳感到陌生，又不喜歡吃飯或麵，覺得不確定學校的口味自己能不能接受，於是頭兩年的時間，我只吃水果拼盤、牛奶和麥當勞。後來慢慢才習慣了學校的餐廳，才開始在學校吃飯。

我的職能治療經驗

在口腔感覺的治療這一方面，說真的，我在職能師這裡沒有得到什麼幫助；但職能治療師和語言治療師都知道怎麼做口腔減敏，也知道用什麼方法，例如：可以做進食減敏，

至少我的語言治療師的同事，整天把想對我做進食減敏掛在嘴上。此外，對於咀嚼沒力或是吞嚥有點不協調的孩子，語言治療師也有很好的訓練可以幫助他們。

說說我自己的減敏方式。因為我不喜歡做沒有禮貌的人，所以基本上和別人一起吃飯時，我不會表態自己不吃什麼，如果是在餐廳，我相信總有我能吃的食物；如果是到別人家做客，桌上大部分是我接受不了的食物，我就會開啟我的因應法：一、把碗抱緊，盡快扒飯、減少夾菜，以最快的速度吃完碗中的飯；二、所有的咀嚼都在牙齒外和臉頰之間完成；三配著冰水吞下去；四、默默的把不吃的食物放在碗的最下方，將它們留在碗中。

到現在我還是很挑食，不吃的東西也很多；甚至我吃的東西也比較單一化。我認為只要沒有營養不良，其實只吃某些食物也不算什麼大問題；完全不吃蔬果和完全不吃肉長大的孩子也都很多，重點是吃飯應該要是愉悅的事，而不要弄得彼此都太有情緒。家長想給孩子有機會接觸一點、嘗試一點是好事，但建議不要太強迫或太執著，有的孩子在長大之後，就突然有很多東西都願意試著吃了；當然也有人固執如我，不太想吃沒接觸過的食物。

其實吃東西重不重要，全憑大人心態，放飛孩子讓彼此好過，也沒有什麼不可以。若擔心孩子營養不良，亦可以諮詢營養師，並且和孩子共同商量出孩子能接受的均衡飲食清單。

✳✳ 前庭覺

前庭覺是一個人處理身體方位的感覺，也會和額葉有些關聯，並由三種接受器負責；而這三種接受器主管的功能都不同。

前庭敏感的孩子很容易一動就暈，也很容易就膽小（不敢動作）；前庭不敏感的孩子更傾向過動和坐不住。此外前庭常和本體覺一起擔任調節身體各種混亂的角色，有的孩子喜歡尋求前庭就常會跑衝、爬高、跳、轉。此外，眼神經也有兩條與前庭有關係，所以刺激前庭，加強視覺活動，可以起到視知覺訓練的作用。

曾經我遇過一個自閉的小孩，喜歡尋求前庭刺激，一進教室就在不停的自轉；我的好朋友以前也是喜歡透過轉圈來放鬆，轉了 200 圈不但不暈，還愈轉愈興奮。

我的故事

　　我的前庭說不上是敏感還是不敏感，但基本上肯定是功能不佳。

　　1. 平常我的身體常會感到內部壓力過大，特別是在坐久之後，我會很需要狂衝 100 公尺，所以常會在外面看到我突然的就跑起來。但太累時，我又會像許多自閉症者一樣，前後晃動身體。

　　2. 平常和人說話時，我也經常會一直晃動，尤其談到興奮處，還會像小彈簧般的一直彈跳，這對於一個 36 歲的成人來說，都不是正常的舉動；我也經常坐不住，就連吃個飯，還要去跳跳床。

　　3. 我對於直線的速度很喜歡，不管是前衝或是快速下落，因此我會喜歡有速度感的活動，而且每次接受這類的刺激，我常會狂笑。

　　4. 對於旋轉我極其的敏感，完全經不起轉，轉個 3 到 5 圈我可能已經躺在地上，即使過了 20 分鐘，也爬不起來。以前班上同樂會玩轉圈向前跑的遊戲，遊戲規則是轉十圈向前跑，我五圈就摔地上，然後躺個 20 分鐘……我真的滿怕轉圈的；也做不了前滾翻太多次。

我的職能治療經驗

* 盪鞦韆

　　因為我一直需要跑、跳，還會前後晃動，我覺得太尷尬了；加上還有其他感統的嚴重困擾（觸敏、聽敏、視知覺及動作障礙），於是我尋求職能師的幫助。職能師讓我每天盪鞦韆，我身體前後擺動的問題立刻就改善很多；有陣子下雨，我就沒去公園盪鞦韆，在上手功能課時，職能師問我：「最近是不是沒有去盪鞦韆？」我說：「對的。」她說差異真是太明顯了，我整個人動得非常厲害！

* 直排輪

　　我也發現，如果我有穩定玩直排輪，我整個人的狀況也會比較好，平衡也會改善很多，因為直排是有速度感變化的東西，這個可以很好的刺激前庭；還有直排突然間的暴衝，也會讓我整個人感受好很多，可以得到比較多的放鬆感，不然身體內部的壓力會過大，非常難受。

* 少量的轉圈

　　至於旋轉的問題，是需要透過慢慢的轉、少量的轉圈來提供；而感覺過度的時候（太量了、害怕了），就是刺激過頭，這是需要給予本體覺（如：倒立、平板支撐），來改善頭暈

的問題，躺著休息是沒用的。曾經我的物理治療師要求我做很多的前滾翻，雖然我已經事先提醒過他，我不太能轉，但他還是把我搞到暈、咳，甚至吐……我強烈的反應嚇到他了！他讓我躺了二十分鐘，都不見好轉。後來我請他借我花生球和治療室，我自己做了小牛推車後，一下就回復正常了。

** 本體覺

　　本體覺是知道身體在哪裡及出多少力的感覺，也是我們身體維持和姿勢控制的主要感覺。本體覺有問題主要是因為兩種情況：一種是本體覺遲鈍（缺乏）；另一種是本體覺尋求。本體覺尋求的孩子很喜歡自摔，常常會從某個地方故意往下跌；而本體覺遲鈍的孩子，則會帶來嚴重的笨手笨腳，甚至是觸覺辨視的困難，走路也經常東撞西撞的（所以很容易受傷）。

　　肌張力低的孩子一般也很容易有本體覺方面的缺乏。還有一類有本體覺缺乏的孩子，常伴隨著用力不當，稱之為本體區辨異常，他們經常因身體不受控制，使力過大而把東西搞壞，或不小心製造很多的聲響。

我的故事

　　由於我是屬於低張力的人，我的本體覺也相對不太好。
每次我的物理治療師總會對我大吼：「妳永遠都不知道妳的
身體在哪裡！」有時我若不看著自己，我根本不知道自己的
身體是不是直的！有一次，我的物理治療師說：「不要用眼
睛看，妳的本體覺呢？」我回答：「不見了。」

　　對於自己的本體覺差，我是有自知之明的！溜直排的時
候，我的腳經常會自己打自己的腳（其實走路也會，常常物
理治療師們都覺得我需要訓練怎麼走路）；平日總是不小心
用力過度，弄出了很多尷尬的事，比如：關門太大聲（然後
就被罵了）、不小心把東西弄壞了；運動的時候，也常常突
然力氣就失控了……這一切都與本體覺的缺乏有關。

　　除了過度用力，也可能用力過輕。曾經我在職能課上，
練習使用美工刀，我用盡了全身的力氣，結果紙完全都沒有
破；我一整個用錯力，也表現錯力的方式，所以即使我用盡
了全身的力氣，卻做了一個無效的白工。

我的職能經驗

　　本體覺的治療其實就是二個原則：一、出力；二、不斷
校正建立肢體位子的概念。經常的進行伏地挺身、平板支

撐、小牛推車，都有助於身體學習力量的控制，改善笨手笨腳的問題。

曾經有個物理治療師說，有個孩子因為平衡不佳接受介入，但半年裡狀況沒有什麼改善。在開始加入本體覺的活動後，才一個月，孩子的動作與平衡便大幅的進步；我們中心的孩子也是在開始大量的本體覺活動後，笨手笨腳的狀況開始變靈活了。

我自己做物理治療的經驗，因為經常身體是斜的，也常常搞不清自己的四肢在哪裡，加上我視知覺差，歪了我也看不出來，因此治療師們經常會不斷校正我的身體擺放，使我的身體能記憶正確的位子。經過這樣的訓練後，我的身體也比較容易放在正位上；而長時間不放在正位的身體，導致我有斜肩、脊椎側彎、頸部疼痛、腰痛、骨盆跑位等狀況，甚至才 32 歲的我，已經有椎間盤突出的問題。

✳ 其他感官異常

我非常討厭金屬的餐具，我害怕聽見金屬製的湯匙刮金屬製容器的聲音；小時候我幾乎不能忍受，現在長大了，還是會害怕。我也討厭用金屬的湯匙吃東西，我總覺得有股金

屬味……別人聽我這樣說，總是覺得不可置信，可是我真實有這種感覺。像小時候，因為我常常拿不穩碗，常常摔破碗，媽媽只好讓我使用金屬製的餐具，現在長大了，我還是怕金屬的餐具，但還是會打破碗，於是我買了塑膠製的餐具，這樣我就可以避開這兩個難處了。

我喜歡聽 MM 巧克力在軟塑膠瓶搖晃的聲音，這樣的聲音可以帶給我安定及愉悅的感覺，很特別，對嗎？我常常一邊咔啦咔啦的把巧克力倒入口中，然後一邊停下來晃晃瓶子，聽那扣扣的聲音。

我還有一種奇特的聯覺反應：有時我壓力很大，我感覺的不適感是覺得我的聽覺訊息負荷過重，我沒辦法再忍受任何聽覺刺激了。可是並不是因為我處在吵雜的環境裡，有時甚至一點聲音也沒有，但我就是會有這種感覺。通常這個時候，我會把自己放在一個穩定節奏的聲音中，像 MM 巧克力的搖晃聲，或者我會搗緊耳朵給自己的耳朵施加觸覺壓力，這兩種做法都有助於我舒緩自己覺得聽覺訊息負荷過重的感覺。

動作調節障礙治療與解決策略

　　以感統的想法來說，動作障礙是因為本體覺／前庭覺／觸覺三者共同有困難導致。常見的是雙側動作協調的問題，此外常見的還有動作計畫的問題與低張力的問題。

　　接下來，我會融合自身的經驗與有效治療策略，提供大家在肌張力與肌力、動作計畫、雙側協調障礙與平衡、細動作等方面的問題做參考。

** 肌張力與肌力

　　基本我們的肌肉能好好運作有兩大關鍵：肌張力以及肌力。肌張力是天生的，基本上也不太能改變，是指維持靜態姿勢的能力；肌力則是指肌肉的爆發力，這是可以訓練的，

比如：重訓。此外，還有一個名詞叫肌耐力，就是指維持做一個動態動作的耐力（時長／次數）。

* 低張表現的種類

　　低張除了有嚴重低張、輕微低張的差別外，也有部位的區分：臉部低張的人會缺乏表情，而且不太喜歡嚼東西，可能會流口水或說話比較遲緩；手部低張的會手部沒力、手容易痠，寫字和精細動作是個問題；軀幹低張則是坐站姿的問題；腳部低張的孩子常見有扁平足，動作不靈活，運動很容易累；更常見的是全身的肌肉都低張，也就是以上症狀都有，像我就是這一類型的。

* 低張的困難面

　　很多隱性障礙的孩子很容易有微低張的問題。

　　一個微低張的孩子所面臨的困難，除了在協調和敏捷度之外，一般這樣的孩子也很難坐好，通常會被形容成沒骨頭的，常聽見的評語就是：坐沒坐相，站沒站相，人生座右銘是：「能躺就不坐，能做就不站」；坐或站的時候，也常常是靠在東西或人的身上，感覺很沒精神。此外，這些孩子既沒肌力，也沒耐力，但其實肌力和耐力都是可以後天訓練的，只是這一類的孩子「靜力」比別人大，所以要訓練、要

動起來也比別人費勁；很容易感到疲累，孩子自然也不太想訓練。

* 後遺症

一旦放縱久了，後遺症也不少。首先因為長期坐、站姿不正，身體的變形是首個問題。另外，因為低張，無法維持坐好的動作，導致很難專注，所有的力氣都用在維持坐定這件事上；另外，低張肌肉力量差、耐力差，寫字絕對是個大問題，不但字體大大小小無法控制，寫的量也很少，導致嚴重的書寫障礙與書寫焦慮症。

我的故事

1. 姿勢的影響

低張的我，從小就被認為姿勢不端正而經常挨罵，因為坐不住，所以就常需要靠來靠去或是撐住我的下巴；即便成年了，還是有很多看不順眼的人，整天在我旁邊嘮叨。我的身體也常常不舒服，這裡痛、那裡痛，我的朋友們有時都會不客氣的說：「誰叫妳都不坐好，誰叫你常常都躺著、靠著……」我因此常常覺得很委曲、很鬱悶。

上課時，常常幾個小時坐下來，我整個人會承受不住、會受不了，回到家立刻就要上床躺下來，所以我最喜歡上網

課，這樣我就可以關掉視訊，躺在床上聽課。在生活裡，若是我疏忽了或是懶得鍛鍊了，只要過個一年半載的，我的身體就會開始找麻煩；我會發現，我連平時的坐、站都是挑戰、每天都很累，然後全身不同的地方都在痛⋯⋯這時我只能找物理治療師重新治療與訓練，並且透過游泳找回自己平常可以生活的能力。

低張的人要坐好真得非常難！為了減少對於肌肉的壓榨、不要讓肌肉太累，很多低張人會選擇輕省坐姿，比如：W 坐姿或蹲姿。我從小就是蹲在椅子上唸書的，我父親接受不了，覺得這是工人階層才會有的舉止，因此他每次都會不停的唸我「蹲在椅子上」這件事，要求我改正。但是我一旦坐著，我又覺得自己很難讀書，甚至無法有好的專注力；我躺著讀書的效能可是 2 小時可以讀完一整本教科書的速度，但我坐著根本無法唸，基本上十分鐘就想躺下來了。

2. 書寫的困難

低張的人要鍛鍊也很不容易；但不鍛鍊，生活會更難！平時連基本的坐、站都是問題，常會因此整個人累到崩潰，直到全身痛的時候，才開始後悔，為什麼就不能好好保持毅力。平日我因為手部低張，寫字常過度用力，連寫 200 個字

整隻手就會沒力氣，甚至發炎；常常在一個考試結束之後，我的手連拿東西都會有問題，所以我很痛恨寫字！每次寫字都覺得全身的精力與專注力，還有所有手的肌肉都在支援「寫」這個動作，以至於我寫了什麼，自己也不知道。

手的無力與過度用力，也導致我寫字常忽大忽小、筆劃控制不了、字打架等等狀況，經常被嫌棄字很醜，甚至被笑：「妳寫的字是被車撞到又被車碾過嗎？」像我爸爸常常看我拿筆就開始罵，看到寫出來的字罵得更厲害；連簽個名都要挨罵。其實說真的，每件事都會讓我很挫折！

如果說聽敏、觸敏讓我常覺得生理（大腦）崩潰，低張就是常讓我最感到心力交瘁；被笑、被罵、被評論最多的也是這個點，加上許多身體的疼痛，讓我時時感受心理異常脆弱。

我的職能治療經驗

* 游泳

低張的治療，不外乎就是訓練肌肉，最重要的訓練部位在於核心肌群。有穩定的軀幹肌群，才有可能維持住身體的穩定度，接著才有可能有靈活的動作能力；而好的軀幹和動作能力（近端穩定度），才有可能有靈活的細動作（遠端穩

定）。所以如果連「坐」都是問題，生活、學習基本就都會是大問題。因此如果孩子有低張問題，還是要優先考慮並維持治療，即使不需要治療的時候，也不能斷了日常的運動維持。

以前我不懂核心肌群訓練這套理論的時候，每次我身體狀況差，我就會去游泳，一來是我給水多少力，水就回我兩倍的力，加上水的浮力，訓練上比較不會那麼辛苦……這是指在水中的時候。當從水中想要上岸，走不動，是很正常的，我常常要在旁邊坐著休息半小時，才能找回我腳上走路的力氣。持續的游泳一段時間（大約二個月）之後，大致上來說，我的身體能回復可以應付日常生活的狀態，但若停下來，要廢個半年一年的，就得再一次的循環。

其實，我很討厭做肌肉力量和耐力類的訓練，但常被身體逼得不得不，完全無法忽視它；一直到現在，我還在想辦法跟日常的維持運動學習共存，而不是一天捕漁，五天曬網。

* 治療時機
若是小於 6 歲的低張孩子，因為大腦還有可塑性，天生微低張，經過職能的感統介入，有機會可以恢復正常張力；過了 6 歲後，只能以肌力訓練，給自己的身體戴上肌肉盔甲，

但這就是一輩子的功課了。所以也可以理解，不是小時候感統畢業了，長大的學習就可以坐好、字寫好，而是當你的肌肉盔甲不在，所有的問題就會重新浮現。

對於低張的人來說，好像還沒有真正的「畢業」；如同感覺調節障礙的人，也沒有真正的「畢業」，所有的一切都只是動態的狀況。所以現在的感覺統合治療的概念，已經從早期的能治好，變成所謂「感覺餐」的提供（像每天吃藥一樣），狀況不好就再回職能那裡調整，變成了一個「終身」的概念。當然所謂「感統」只能在 6 歲（或 12 歲前）時做，這也成了已破除的迷思，對於感覺統合障礙的人來說，感統治療成了一輩子都可能要做，也任何年齡層都可以做的治療了。

** 動作計畫問題

動作計畫指的是要做一個動作前的一切相關計畫能力，這是一個非常無意識的能力，是個自動運轉的能力。這個能力好比是動作的 IQ，是動作自己專屬的能力，基本上與智力的 IQ 無關；像我的智力表現很不錯，但我的動作計畫能

力卻讓我自己都無言，我常常會做出讓人驚訝的動作，例如：我會反手倒水，然後倒得滿地都是⋯⋯連我的智障學生都不可能犯這樣的錯。

所謂的動作計畫能力包含了：想像一個動作怎麼做、有計畫、有正確順序做出一系列的動作來完成一組動作，在動作的時候可以在對的時間點做出動作，動作做出之後可以自己調整動作，並且在下一次可以正確的做出動作。

我的故事

動作對我來說挑戰總是很大，我幾乎無法憑直覺去反應一個動作，每次要做一個沒做過的動作時，我做出來的動作常會使旁邊的人嚇一大跳，因為會讓人有非常危險的感覺。我的職能治療師開玩笑說：「以後你面對新動作時，乾脆按你直覺的反方向來做這個動作好了（當然這是無效策略，只是表明我的動作有多大的危險性）。」經常我做了一個動作，搞了一團亂後，我會非常挫敗，甚至我會想到連我的智障學生們都不可能做出這些動作，我就會覺得更挫折。

我開始尋求職能的想法就是起源於動作障礙，因為計畫和動作笨拙的問題，讓我非常害怕在人前做動作，包括：吃飯；平常總是不敢主動幫忙，經常躲在人群後面，我總是覺

得尷尬和害羞，無論做什麼事不是搞砸，就是被笑或被罵，我真的非常自卑，我認為這樣下去，我的憂鬱症肯定永遠不會好，所以我才開始有尋求職能治療的想法。

我的職能治療經驗

　　基本上有動作計畫問題的孩子，在介入上要講求語言介入，透過語言認知介入（說出要注意的所有點），加上示範、拆解動作、反覆練習來使大腦學會一組動作；而有了比較多的正確動作組合，加上常常練習並在動作前思考，可以加強動作計畫的能力，並改善動作的品質，使大腦慢慢對於正確動作的反應可以自動化。

　　我的治療師常是這樣教我的：「你兩腳想要站上圓盤，但你一腳就站在正中間，你的另外一隻腳就沒地方站，所以你兩腳要平分站在圓盤的兩半上面，這樣你才有可能站上這個圓盤。」

　　「你看見我的大拇指了嗎？用食指和拇指的指尖捏住，然後一起推給左手，左手的無名指和小指再把牌接過來，用小指整理好。」

　　這些都要在他人的指導下多練習，動作計畫的問題才有可能逐漸改善，不然只會愈來愈糟、愈來愈挫折，甚至到最後懷疑自己的智商。

✲✲雙側協調障礙與平衡

雙側協調指的是：左右兩邊不能協調或手腳不能協調；因為協調不好，所以就同手同腳、笨手笨腳。四肢要能在對的時間、對的動作下一起合作，這本身就不是容易的事，只要四肢彼此不合拍，那事情就會搞砸。

除了左右協調或手眼協調外，也包括了雙手的合作操作，比如說：一手拿杯子一手攪拌飲料……這些對於協調障礙的人都是挑戰。

協調障礙還有一個重要的元素是：跨中線。

有些孩子就是跨不過中線，甚至反射沒有消失，這些都會影響孩子日常生活的操作。

我的平衡也不是太理想；而平衡一般是由視覺、本體覺、前庭覺，還有小腦、肌肉等元素組成。我因為幾個元素都不如大多數的人，所以只能找我相對比較好的元素來加強，比如：我的視覺差，但透過本體覺的加強，就有機會改善平衡，是一種思維。不過，我最常遇見的還是直接練平衡；直接練平衡也會有個問題：平衡練著當下有可能會愈練愈差，因為大腦已經亂掉了（失衡了），這時候就需要垂置大腦的平衡設定，可以透過在地上踏步，就可以讓亂掉的平衡重新歸零，這樣做平衡訓練才會有明顯的效果。

一次一次的訓練，就是對平衡訓練的最基本方式策略。

我的故事

從小，大家都說我跳舞很可愛，因為「非常不協調」，常常我的腦袋比我的身體理解的早，但我的身體就是沒辦法按我理解的去動作；協調一直是我比較困難的問題。

我也有「跨中線」的問題，比較奇怪的是，我的跨中線問題是單側，而不是雙側都有困難。我從右跨到左，會產生嚴重的笨拙，在右邊操作都還好好的，一跨到左邊立馬操作就困難了；但我從左跨右側卻沒有這個現象。但以靈活度來說，我右邊的靈活度還是比左側好很多，這在很多右利手（習慣使用右手）的人都是這樣的情況。

我的職能治療經驗

雙側協調的治療方法就是「持續的練習」，尤其是左右不同步的動作，或左右同步的動作。跨中線的動作訓練也很簡單，效果也很好，就是常常練習左側的手拍右側的腳或肩，右側的手拍左側的腳或肩；每天做一百下，不出一個月，效果就看得見了。

⁑ 細動作

細動作最重要的是在手部的操作。

1. 手部的操作起始於身體的穩定（也就是所謂的近端穩定度），從身體的穩定（能坐穩了），到肩部─上臂的穩定（有力量），到手腕穩定（手腕有足夠的力量），然後才是手部肌肉與手掌／指的靈活（協調性、力量）。缺乏力量會使一切沒了基礎，坐不穩、拿不動、寫字無力，就算手指再靈活，都還是會有嚴重的操作困難。但事實上，沒有力量（穩定度），基本上也很難有靈活度。

2. 手部肌肉的協調度：手部肌肉分成手掌的肌肉與手指的靈活，如果手掌的東西無法在手掌中調換，或是無法將東西從手掌運到指尖，這些都是要練習的掌內肌的靈活。手指靈活首重的是操作端（前三指）與輔助端（後兩指）的分化與協作；另一個重點，則在前三指的靈活度，還有前兩指的指尖／指腹操作；最後是兩手的協作問題，兩手可以同時動作嗎？可以不同時動作嗎？可以兩手做不同的動作嗎？

3. 最後一個關鍵是耐力。有了力量才有耐力，沒有力量就練不出耐力；耐力會決定一個孩子可以操作多久。

我的故事

* 手的力量與肌長力太低

　　由於我手的力量太低，拿筆就會過度用力，然後很快就沒力了。我的肌張力也偏低，所以身體穩定度也不太好，如前面所說，我根本就坐不住；上臂力量也不夠（連短髮都吹不乾），常常舉手不到 20 秒，我就放棄了。手腕也一樣力量不足、穩定能力不夠、手指也無力；前三指合作不好，所以三指用力不均，導致寫字，字會飄。

* 抗拒精細動作

　　操作精細動作是我最害怕的事，也是造成我嚴重自卑的主因。但反省了一下自己，從小只要動手操作的事，我能閃則閃、能躲則躲，而且總是懶人做風，連鞋子都只肯買黏釦式的。

　　愈不練習，我就愈笨拙，因此別人熟練的削水果、倒茶水……這些事情，我就只能躲在後方，這也同時影響他人對我的解讀，認為我是個不懂事的年輕人。也因為這樣，我痛定思痛，決定找職能治療來解決我長年嚴重笨拙的問題。

　　治療師帶我練習了許多事，比如：怎麼用筷子、怎麼用刀切和削，我們也學習切蛋糕、學習把紙用膠帶黏一起、學

習用剪刀／美工刀……這些雖都只是日常的瑣事，但因為自己做不了，所以也覺得自己很笨；加上我從小被朋友笑智障，面對他人的眼光，我自己也難受。

這些事雖然練起來辛苦，但學會之後很感動，例如：我光是練習拿筷子，就練了 2 個月才學會拿；又再練了 2 週，筷子才動得起來……這一點一滴戰勝障礙的喜悅，都是很難一語道盡的。甚至後來，我為了要考烘培丙級，又去練習了擠奶油和看麵糊的平整度……職能陪著我在不同的時候學習不同的專業，有了職能當資源，我在學習新事物時，心裡也比較有安全感，比較有底氣。

我的職能治療經驗

* 加強手的力量

職能在訓練我的近端穩定度，除了加強我的核心肌群訓練外，也讓我做上臂支撐的訓練（如：伏地挺身）。手腕的部分則是要求我每天用水瓢舀水；手掌肌肉的力量，則是練習撐開橡皮筋……這些都跟力量和耐力有關。

* 增加靈活度

靈活度方面，職能師訓練我轉筆、用指頭爬筷子，或是握一把錢幣，然後連續投幣；甚至手裡拿幾個骰子練習疊高、

用拇指和食指指尖捏紙片、用三指做黏土小球、在手中轉雙球等等。

* 減少寫字困難

在寫字方面，目前我只用 Hi-tec 0.5 的筆，因為這款筆很滑順，幾乎不用出力就可以寫。但我的朋友他就非用 pilot 0.38，因為摩擦力強，會讓他比較能控制；可是那款筆對我來說就太吃力了。除此之外，我也不愛用多色一體的筆，因為這種筆通常筆桿太粗、筆本身又不滑順，需要用力才能寫出字，我的手就會特別容易抽筋；通常只要是筆桿太細的筆，我都容易抽筋。

其實，我是能不寫字就不寫字的，自從我們公司買東西要填報銷單之後，我就再也沒買過任何教具或用品了。我平常所有的表達都以打字為主，打字雖然也是不容易的技能（我可是練了三年，打了一輩子），但打字基本上是被認定對於手部肌肉的要求是少於寫字本身的；寫字真是一個非常困難的手部活動。

發展性動作協調障礙（DCD）

　　還有一種診斷叫做：「發展性動作協調障礙（DCD）」。這一類的孩子，天生動作笨拙，所有的動作都沒有辦法類推、類化，都需要教學才能學會。好處是孩子可以在教學中精熟動作；壞處是什麼都要教，甚至教一輩子。

　　那麼由誰來教？

　　答案是：職能治療師和物理治療師。

　　基本上我的日常是由「受傷」組成的，不僅時常把飲料、餅乾倒的到處都是，對我來說，「倒水」、「泡三合一飲品」、「洗東西」……都是需要教的，也需要各種比較簡化的策略來協助我應對我的動作困難。面對這些，我常感到非常挫折，每天除了自娛自樂，也真不知道還能怎麼辦！

　　DCD 的研究當中發現：1/3 會併有注意力缺陷症（AD/HD），有 1/3 會有視知覺障礙方面的困難，而且這一類的孩

子可能也會併有感覺統合的障礙；但也不一定肯定有感覺統合的障礙，只是有感覺統合的障礙會增加復健的困難度。

DCD 既然是一輩子的，就只能好好的與它共存，因此，我選擇和職能治療師、物理治療師做一生的好朋友。

✱✱ DCD 的求醫之路

在會見過各科治療師後，我對於選擇治療師有些體悟：

我覺得選擇治療師，首重的是治療師的心與態度；是否願意真心關心病人？是否真正的願意聽病人或家長說困擾，一起想辦法？做治療的時候態度是不是專業？治療的時候會不會互動非常不禮貌？願不願意看孩子的情況與需求調整自己的治療步調與方法？孩子是不是怕他、討厭他，哭鬧的不去上課？

我自己在這方面走過很多路，遇過各式各樣的治療師，曾經有遇過態度真的很不專業的治療師，居然把我一個人丟在鞦韆上，二十分鐘不理會我，我無聊到自己亂玩，然後從鞦韆上摔下來；這種把我一個人放在鞦韆上的事還不只一次。最後，我提出要換治療師，她居然還罵了我一頓，外加那天

給了我能力肯定做不到的任務來為難我，我當下就換治療所了。那次的治療對我造成很大的創傷。

我也遇過許多治療師，說話很損人、脾氣控制很差，只要我做不到位，就對我大罵大叫，罵到我都害怕去治療。

我遇過很多物理治療師都會要求我練走路，以致後來有次我參加正念課，在體驗正念走路的時候，我發現我一點都無法正念，而是滿腦子都是各個物理治療師的糾正聲，一遍一遍叫我「重走」的聲音。也遇過有的治療師治療策略很偏，偏到我懷疑他自己可能都不知道在做什麼，已經偏離治療目標了。

經歷了很多地方，我很感恩，一直到我遇見了「品恆復健診所」，不同以往的就醫經驗。我看過兩三個兒童復健科的經驗，每次和醫生說話我都非常挫敗，但只有品恆的曾醫師，她的親切、她對我的關心與同理，一下就溫暖了我的心。在我開始治療後，有時我扭傷去找她，她總會順便關心我各方面的治療改善情況；我在治療室受傷了，她也都會去找治療師了解發生了什麼事；而且我一直知道她都有在關注我的治療歷程，經常有在 follow 治療師們的治療記錄，這是我見過最負責又最溫柔的小兒復健醫生。在此之前，我如果想到要去復健科掛號看醫，我是會慌到哭的，因為過去各種經驗實在太讓人感到害怕了。

由於在外面被傷害了不少，我抱著希望來到這個新的治療所，遇見了吳怡珊職能師、李宜霈職能治療師，以及謝采汝物治師，我覺得我很開心！在我們的治療過程中，即使是辛苦的治療過程，但看見治療師的鼓勵與示範、一遍遍的陪伴、能聽我說我的挫折，甚至願意傾聽、陪我一起想辦法，沒有忽略、沒有辱罵，只有笑聲和再一次的勇氣，從此我只要需要，我就會回到治療室找他們協助，不管是處理感統困難、動作困難、準備丙級烘培職照考、全身痛要做物理治療，甚至後來我也尋求了語言和心理的協助……我都清楚知道，他們是可以陪我克服我的人際困境及白目狀態的。

　　信任、關心都是很難遇見的品格，可是在品恆我卻遇見了這麼一群專業團隊，真心的在乎，並且願意陪伴我克服我的困境，再一次謝謝「品恆」的團隊，讓我可以找到困境中的一些希望和可能。

✱✱ 如何選擇職能／物理治療師

職能治療師／物理治療師是我接觸最多的，我也有不少朋友是做這兩個職業的。在這一路的治療過程中，我深深體會到，該怎麼選擇一個合適的物理治療師。

條件

一、態度

1、傾聽的態度：

能不能聽你抱怨，知道你與你的孩子遇到了哪些困難，會不會與你一起想辦法？尤其是職能的工作之一，就是要使用輔具協助在生活中可以順利，如果職能沒法一起腦力激盪，這不單是知識的問題，是態度本身就出了問題。

2、治療的態度：

說話會不會很損？脾氣是否暴躁？會不會動不動就對個案吼叫，或者沒有全心的看著孩子，導致孩子可能有安全的疑慮？如果孩子經常哭鬧、排斥不願意去做治療，那可能要考慮這個治療師是否合適？尤其如果你是去做職能的、做感統的，感統的治療基礎本身就建立在「需要有愉快的情緒感覺」才有可能整合，感統才會有效；如果孩子不覺得快樂，那這個感統的成效基本上就已經該打問號了。

二、知識：

　　知識量是否充足，你提出來的基本常見問題，對方是否能應對？

　　曾經我對一個小兒感統提出了聽敏、觸敏的問題，她的回答是：這兩個問題太難處理了，無法處理，她只願意處理動作問題；我又提出了若在生活中經常受傷，例如：把水倒的到處都是、切菜會受傷等等狀況時該怎麼辦？對方連幫忙想辦法都不願意。最後還是我的職能師朋友們一起跟我想方設法，甚至錄影片教我。像這些很明顯，不算是態度不佳，但卻因為知識受限，所以完全不能解決個案日常的問題，都是在選擇治療師時需要考量在內的。

我的故事

　　曾經我覺得觸敏帶給我的生活影響很大，我的職能治療師朋友，陪我一起腦力激盪，她問：「妳都長這麼大了，過去是怎麼應付這個問題？」「哪些策略是相對妳比較能忍受的？」「如果妳被激發了，妳覺得哪些方法讓妳可以有效的冷靜下來？」這是屬於教練式的職能引導法，雖然她沒有給我策略，但她協助我整理我的經驗與策略。

我的職能師吳怡珊在聽見我總是把三合一倒得滿桌的時候，她立刻就錄了一個影片發給我，讓我看怎樣是簡單的改進策略（一定不會出錯的），這就幫助我找到了方法可以來應對我的生活所需。她非常在乎我是不是一直在生活裡受挫，她常鼓勵我，告訴我是有可能改進生活品質的，是有可能進步的，是會愈來愈好，是有希望的；她會聽我所有的挫敗經驗，以致我非常非常信任她，我甚至可以向她坦承過我想自殺，我現在所做的都只是人生的最後一搏……就在我快絕望時，那晚她在臉書上足足陪我聊了一個小時；每次做治療時，我經常會摔下設備、在闖關時失敗，但她能讓我在一次的大笑後，帶著挫敗的心，再一次勇敢的面對挑戰；她也總是很耐心的對我解說，事情該怎麼做、身體要怎麼調整……在治療師身上，我學會了面對失敗與不斷嘗試的勇氣。

我遇過很多會罵人的物理治療師，常常罵得我無地自容；連走路走不穩，都是一個大錯！我最常被罵的是：身體不正，不知道自己的身體在哪裡。說真的，本來自信心就很差了，被罵了就更自卑。直到我遇見了「采采」物理治療師，她和怡珊職能治療師的溫柔很不一樣，她常會逗我玩，但對我也嚴格，她總是以半開玩笑的方式在做治療；她很關心我，觀察也很仔細，有時我才走進治療所，她就知道我受傷了；每

次她把我綁上訓練器時，細心的她，總會發現我又多了一道傷、一塊瘀青。

我的職能治療經驗

其實我的兩個職能治療師都有同樣的細心度，當自己日常隱藏的挫折能夠被看見、被關注、被關心，就算現實的傷再痛，卻能在心裡被治癒，這就是我在品恆治療的心得。

另外，因為我視覺知覺緩慢，我常常很難理解「一個動作」是怎麼發生的？若只對我做動作示範就要讓我模仿，有時會相當困難。但是我遇過一兩個不錯的治療策略，物理治療師透過觸覺回饋，幫助誘發我的動作；透過觸摸式加上語言的引導，讓我可以不會因為看不懂而感到非常挫敗。

「階梯」的概念也很重要！曾經有位治療師以我能力向上「最小的一步」來要求我，讓我很輕鬆的就可以達到目標；這樣的方式會讓我更願意配合治療要求，並加強回家對自己的鍛鍊，對於進步也很期待。相較之下，我也曾遇過治療師直接就把高標擺出來，欲透過軟硬兼施的方式，即使輔助支持也要強拖我達標，然後才慢慢把輔助支持降下來。這樣的方式就會讓我覺得疲累，而且容易有挫折感，比較不適合我。

　　不同的治療師總有不同的策略，重點是個案能不能受益！對大多數的特殊孩子來說，小小的階梯會比高高的標準，讓人更願意配合也更有成就感。

⁑ 如何選擇語言治療師

我的故事

　　我從來沒有想過我與語言治療師會有任何關係，但自從我的語言治療師同事來與我一起工作後，三不五時就建議我見語言治療師，於是我就找了語言治療師幫忙。但一個能在外面演講的人，還要去見語言治療師……是不是哪裡怪怪的？

　　我語言的問題是在「語用」，就是我沒有辦法見人說人話，也經常無法好好聽懂別人的弦外之音，因此常常在和別人說話後，看到別人帶了滿臉的怒氣，我卻感到非常無辜。人際的挫敗是我從小就有的，我一直在尋求諮商的幫助，沒有想到諮商一直沒人能幫上忙，最後在語言治療中找到答案和幫助。

我的語言治療經驗

　　語言治療師非常關心我，除了關心我的人際互動情況，我日常交友能力、和同事／上級的相處，都會在我受到挫敗時和我一起復盤。她會幫我分析怎麼了、我的這句話給人的感覺，或是語言下帶來的意思；也會教我換句話說或延長句子。

　　有亞斯特質的我，要不經常把談話聊句點了，不然就是像個煩人的錄音機在自說自話。為了更了解我的聊天、說話風格，她安排了每次治療時的一個電話佳賓，在我與佳賓講電話的同時，調整我的語言風格和內容，並用很形象的方式幫我了解自己說話的內容、教我一些我能吸收的規則，例如：當想開啟小博士模式時，就把自己想像成報紙，先說標題，待對方呈現有興趣的反應時，才可以說內文；內文以三句做為段落，然後要反問讓對方參與，對方有參與才能再說下一段的三句。

　　舉例個子：遇見新朋友自我介紹的時候，先聽對方怎麼自我介紹，然後就照樣造句把對方說過的主題按著自己的情況也說一次；此外，對方是簡答還是詳答，我也要相對應的進行簡答或詳答，讓彼此說話的量一樣……這些規則對我來說真的很重要！語言治療師最重要的是要讓人感到放心、敢說，如果孩

子玩得不開心、不敢開口，語言治療就進行不了……這也是我同事最常說的話。我的同事對孩子語言治療技巧很好，但對我，嗯～我還是找我自己的語言治療師討拍好了。

✱✱ 如何選擇心理師與諮商師

我的故事

　　諮商師／心理師是我見過最多的專業；尤其是諮商師。

　　我從小諮商到大，見過的諮商師都差不多有十位了。找諮商的原因不外乎兩個：一、是人際的困境和挫敗；二、是憂鬱情緒很痛苦、想自殺。諮商師們對我的情緒支持幫助很大，一路支持我的心理才能讓我走到現在；我見諮商師多到後來我自己都走上諮商師這條路，她們的用語我熟到不能再熟了，她們的手法我也感受得一清二楚。

　　諮商師最重要的是溫和、接納、不武斷、不要帶著評價，而且可以溫柔的指出個案的現況，幫助個案在準備好的情況下面對現實，以致可以願意為自己的改善做出努力。目前我接觸的諮商師只有一個不好的經驗，其他的經驗都是正面的。我一直覺得諮商是很可以幫助人成長與改變的專業，所

以我自己也走上了這個專業。

我的心理／諮商經驗

心理師除了醫院的心理衡鑑時見到的心理師，我只見過三位心理師；這三位的經驗都還不錯。他們主要是協助我學習社交技巧，幫助我學會在一來一往的互動間，怎麼樣去面對別人的語言，別人表現的背後又是什麼意思，我這邊要怎麼處理這些互動……大量的演練在我們當中，我覺得相當有幫助。

*∴ 自費與健保的差別

整體來說，我覺得不管是哪一類的治療師，基本的職業態度和操守是最重要的，家長可以慢慢去感受，若覺得態度太離譜，就再換一個。

另外，自費與健保是有很大的差別，因為健保的時間比較有限，治療時間短，孩子能力若差，就很難配合，常常會有，孩子好不容易狀況才調過來，就要下課了。一般來說，兩個個案之間只有五分鐘的轉換，也很難跟家長好好談話或衛教家長。相對的，自費的雖然貴很多，但因為每次的治療課時間拉長了，會有比較多的時間上課，也會多一點時間能

跟治療師談話交流，學習一些在家復健的策略，並配合治療師回家的練習。

　　要特別提醒的是：不論是選擇自費或健保，服務的期待就要有所不同的，才不會產生結果的落差。因為我是成人，我只有自費的選項，所以就無法分享健保市場該有的狀態或期待了。

第三章

非語文學習障礙（NLD）與介入策略

　　由於 NLD 者更擅於對於語言的掌握，一直以來，語言介入是相對好的策略。此外，多數的 NLD 在記憶上普遍優於理解能力，因此，透過記憶做為學習的基調策略會是突破眾多學科的基本策略；最常見是用在數學方面。

　　而在人際技巧方面，則需要將隱型規則系統化、語言化，使其變成一條一條的規則。另外，NLD 的學生一般通常比較乖順、比較不知變通，所以也比較少違抗或發生抗辨的行為，通常是給什麼就吸收什麼。只要透過明白的教導，以及實際的演練，用影片或實際的教學，學習察言觀色，這些都是非常必要且有效的人際教學策略。

非語文學習障礙（NLD）學習困難的介入技巧

　　既然說是學障，就不能脫離學科困難，也就是基本的聽、說、讀、寫、算的能力，如果這些所謂的學科學習過程沒有困難，就不能算為學習障礙。

　　到底 NLD 在各學科上會出現的學習困難與情況有哪些呢？

✽✽ 閱讀書寫障礙

✎ 認讀問題

　　NLD 一般在國外的研究，會提到這類的孩子有語音優勢，較無基本的認讀問題，因此小學低年級可能有較好的學

科表現；直到四年級才開始跟不上，因為抽象事務增加，需要運用推理和理解的能力變多，孩子的障礙才展現出來。但在華語的環境裡，這項優勢並不存在，相對於拼音文字，中文是象形文字，一字一音，而視知覺與圖像處理又是 NLD 的弱項，因此許多 NLD 的孩子自小就展現了讀寫的困難（雖然我沒有經歷「讀」的困難）。

∥動作與知覺障礙

NLD 的另一個核心障礙是在動作與知覺障礙，尤其是視知覺和觸知覺。有的觸知覺有障礙的孩子，甚至可能會有手指失認症的問題，以致他們寫字都要緊盯筆尖才知道筆畫該怎麼走，完全無法使用動作系統的回饋。

此外，細動作差、動作控制差、本體覺差、動作計畫差，導致笨手笨腳，寫字就會是很大的困難；甚至我無法預測我的身體會怎麼動作，我都戲稱我的動作系統有病毒，常常會做出我不想要的動作，比如：寫一橫變一撇、要畫一點變一納，我根本控制不了我的動作。平常大動作的輸出力量與動作品質都不算穩定，更別說是細動作了，尤其是書寫，又更加艱難了！低張也讓我沒有足夠的力量與耐力來寫字，200 個字就會讓我的手開始痛起來；1000 字的話，手部肌肉就會開始發炎了。

∥ 書寫困難

在我身上還有個書寫障礙者常有的現象，就是視覺記憶再生缺陷，想不起一個字的樣子、不記得一個字的配件；認字沒問題，但要自己憑空生字非常困難。這一類的孩子，基本上閱讀沒有問題，但書寫卻有嚴重的困難。這樣的問題可以透過學習打字來解決，一般是學注音，一來是音的掌握是NLD 的優勢，二來是識字。但在我身上，我一直學不會注音，我很多音經常混淆，根本無法打注音。從小我的父母是培養我學嘸蝦米的，雖然花了五年才學會，但透過反射的動作記憶，現在的我，幾乎不用思考字長怎樣，即使真想不起來，就再改用注音選字即可。也因此，我經常對於考試調整的要求是「打字」，並且需要使用嘸蝦米和注音兩種輸入法。

∥ 文字混淆

我寫字常見的錯誤是同音異字，相較於另外一些聽知覺障礙的孩子，他們更多是類型字的錯誤。我常說錯誤類型就是孩子的障礙密碼，先搞清楚孩子的認知處理習慣，才有辦法對症下藥，慢慢走過障礙的迴圈、爬出障礙的高牆。

在我的錯誤中，不管是寫字或打字，我經常「順／算」「又／用」混用；錯誤的字體也不少，我經常要靠推理的方

式來寫出我的字，比如：狐假虎威，我會寫成「虎假虎威」或「孤假虎威」，這時候我就會回到詞的本意：「狐狸才需要老虎的威嚴，老虎不用」、「狐狸是狗的親戚，不是小孩子」……透過賦予字體意義，我可以重新校正錯字或推理寫不出的字，如：不遺餘力，我想到的是不餘ＸＸ，後來又想：應該是「不遺逾力」，但應該是「沒有留下一點力氣」，所以是留下的「餘」，那應該改成「不遺餘力」！是的，寫個字就是這麼麻煩，要不停的糾錯校正，才能寫對字。

✱✱ 英文學習障礙

✗ 拼字問題

　　英文不是我的優勢！我經常在拼字的時候，都會拼出音發得很像、但又不正確的字，或是有時拼的非常隨意。

　　拼字一直都是我很大的困難，我也企圖以動作記憶的方式（如：打字學習）的方法來重新克服，希望以動作記憶的優勢取代單純記憶的劣勢。

✐ 閱讀困難

在閱讀英文的時候，我會因為「字體不夠大」，而無法理解句子，有時讀了好幾遍才勉強讀懂一句在說什麼；但一旦將字體放大到 30-33 號字，閱讀理解的問題就立刻解決。自從發現這個奇特的現象後，我現在都用擴視機在讀英文文獻，以滿足我需要讀英文材料的學習需求。

我在和其他有閱讀障礙（特別是視知覺障礙）的家長交流過後，我們發現教材的放大、行距的改變，將會讓閱讀障礙者的困難降低；但我也遇過朋友說，她的需求是要縮小，把閱讀材料縮小在一小張紙上她才有辦法讀。可見閱讀材料重新設計的需求，還是因人而異的。

因為 NLD 是語音優勢者，對我來說，視讀的學習效果不太理想；在外語學習上更是如此。我通常在「聽／說」的能力，遠比「讀」好；我的「讀」又比「寫」好。我英文寫作的策略，就是把它當成「說」來處理，因為文法我根本弄不懂，在這個情況下，大量的語音資料庫就很重要！聽得句子愈多，就愈有語感可以運用；一旦語感錯誤，文法又是補不起來的坑，我就會有很大量的句子與文法的錯誤在當中。

✍我的英文學習策略

讀：需要擴視機，來增加理解力。

寫：1. 透過語言經驗（也就是語感）來形成句子。

2. 老師改正了我的句子，我把正確的句子放入「文字轉語音」的系統，讓系統將句子讀出來，形成我的「語言經驗」（又記一個正確的句子）。

3. 自我校正時，將句子導入「文字轉語音」，聽聽系統唸出來的句子是不是不合語感，以致可以做到自我修正。

4. 使用文法與拼字檢查，讓它們不斷成為我的錯誤校正器。

5. 最後，把拼錯的字，放入「文字轉語音」的軟體，透過不斷聽音看字，並且透過練習自然拼音的方式：「唸打」、「聽打」以形成「自然發音」的唸拼習慣，並且以肌肉記憶的形式加強正確的字母順序，形成動作記憶。

最近我開始學德文了，也用同樣的方式在進行，優先入手的就是「唸讀」與「聽說」複述，然後才是拼字記憶。但是因為我才學了幾堂課，還在學習基礎的問候，尚未有複雜的文法、高難度的閱讀或文章的書寫，所以不能確定類似的學習策略是否可以套用在德文的學習上。但因為德文是個規則非常多的語言，好處就是規則沒有例外，所以我善用了我

的歸納法和模式辨視，對其文法進行整理，並且形成自己的學習表格與筆記，希望可以堅持使用到最後。

✐記憶優勢與理解劣勢

對於大部分的 NLD 來說，記憶還是他們最大的優勢，通過死記硬背來解決學習的困難，這其實也是非常好的策略；唯一的缺點就是類化時不好用，但如果做過的題型夠廣，能帶孩子覺察、分辨題目類型，以致孩子可以辨認模式將題帶入，對孩子來說，會是非常好的策略。

我的強項剛好相反，正是理解與模式辨認，我相當擅長找到規則，並且列成步驟，最後套入在類似的模式中；雖然我也有類化的問題，但我的語言治療師說，我應用學得非常快，唯一的問題就是要別人一個情境一個情境教……這些表現出我理解的侷限性。

另外，為了克服記憶問題，我採用兩個策略：

一、聽覺記憶：大部分 NLD 的學生都是聽覺學習優勢，我也是！透過別人對材料的朗讀，我可以形成深刻的記憶，彌補在背書上的弱勢；但這不能是我唸給自己聽，除非是唸的時候錄音，事後播放；當我的嘴巴在說話時，我就已經開始失去聽覺記憶的能力了。

二、打字背書：對於寫字有困難的我來說，寫字是酷刑，一般人所謂的「動手就動腦，寫字即加深記憶」，在我身上根本不適用。對我來說，寫字就是寫字，我寫字已經耗掉所有的能量、注意力和精力，寫什麼我根本不知道。但因為我從小就學打字，後來打字也確實成為我學習中最重要的工具，不管是考試還是寫報告，我的打字已經到了差不多與口語同速的程度了（自動化了）。

有一次，我需要練習某個考試的電腦考試，這個考試伴隨大量的簡答題，因此我的備考策略就是希望透過打字的反應自動化，看看能不能取代我有限的記憶力。沒想到，我意外的收獲了一個記憶突困的策略！（在此強調：要先有打字自動化的技能才管用。）因為我的打字速度，特別是看打，已經到了與口語同速的程度，透過反覆的看打，我的內在語言在自我回饋，我的動作正在記憶打字的順序，幾遍下來，我不但可以很自然的就把句子自動化的復刻出來，甚至可以輸入到我腦中，形成語音，又從我口中可以唸出來……「我終於可以背書了！」而且效果比聽背還好。

✱✱ 數學理解障礙

小時候，數學是我最弱的一科，小學三年級都還沒有辦法從 1 數到 100，因為沒發現、也不理解數字的意義與規律。唯一考好的一次是「分數」的單元，因為我明白那規律，所以解題速度是有史以來最快的，是班上第一個可以交卷又考滿分的人。那次的月考我享受了國小唯一的好成績：第 12 名！要知道我的班排一直都落在倒數 5 名；懂規律和不懂規律的分數差距，可想而知了。

面對應用題時，老師喜歡畫線段解題，可是偏偏我就是不懂線段的意思，所以老師愈教我愈糊塗，因此整個小學的數學成績始終沒有起色。一直到國中之後，背的是公式，數學的成績才有所提升。

數學最難的是「幾何」，像是要從不同的角度看世界，要想怎麼切割、怎麼計算那些方塊，對我來說，處理這些圖形過於困難，這方面的學習領悟力，我是到了成人才發展出來，小時候任誰怎麼教都學不會。

✍克服方式

現在我喜歡挑戰對於有不同障礙需求孩子的教學方式。當我面對 NLD 學生的時候，我首重的第一個是：規則。先用規則學會計算，並且要求列式位子要寫好、概念要正確；其次，才是開始教觀念。因為 NLD 的理解困難，有時要其理解一個觀念，對他來說是困難的，很多事是無法想像的；再加上預期自己不會，然後放棄思考，結果就是還沒學就先投降。因此，「先學會計算」是第一步，看見自己的所能，接著，再從生活經驗帶入觀念，讓數學觀念還有應用題的理解變成生活化，讓思考可以活絡……當這些元素都具備了，孩子才能開始慢慢的克服困難，相信自己可以學習，這時候才能教孩子自己運用與辨視模式的策略。

一般我會建議「機械記憶加辨視模式的刷題模式」與「理解思考觀念」要雙軌並進。前者是比較好上手的，但後者才是解決問題的根本之道；尤其現在講求素養的時代，如果沒有理解力、思考力，是很難在這樣的考試趨勢下生存下來。刷題為的是成功的學習經驗，也是 NLD 孩子能有學習效果最快的模式，這會讓孩子建立更多的學習效能感與自信，才不會走入學習性無助的死胡同。

✱ 統整困難

對於 NLD 的孩子來說，「見樹不見林」是很常見的。以前我在學校就常陷入一種誤區：所有知識我都明白，但我就是無法答題；我被文字困死了，我一直堅持總有一套標準的文字答案，而且要一字不差。所以當 A 教科書把一個觀念列了 5 點，B 教科書同樣的觀念列了 6 點，我就開始卡住，開始崩潰，開始接受不了。心理也清楚這兩個教科書講的是同樣的觀念，只是分點表述的不一樣，可是我卻一直想要把它們合併成同一套東西，結果當然是徒然無功，然後再次情緒崩盤。

✐應對之策

長大的我已經學會了，重點不是在「有幾點」、不在文字表述，也不在誰才是正確的版本……而是彼此是補充關係。知識的體系像是建房子般，是一塊一塊磚疊上去的；知識的體系是一步一腳印慢慢擴大的，雖然有些共同點、有些核心，但卻也有慢慢擴大的週邊範圍。只要掌握住這些知識的概念，用自己能想到的方式列點講全，我就可以面對考試，而不是

執著哪本教科書才是考試要的標準答案。我當初在寫論文學習文獻引用的時候，也遇到了學習障礙，就是因為卡在這件事情上，至今我仍在努力的試著掙脫這種框架束縛。

** 筆記策略

⌀問題癥結

　　既然知道知識是個範圍、是個體系，怎麼架構筆記就可以更加的自由。

　　以前我常會有創新的筆記想法，卻礙於用電腦的文書處理軟件太條列式，不容易自由放置重點；手寫雖然自由，但我卻寫不了字，常卡在兩難之中，不知道怎樣才好，索性就是在書上圈點或在書旁的空白處寫關鍵字做為筆記。但說真的，這樣的筆記，除了要帶整本書外，其實也無助統整。

⌀解決之道

　　我曾經試著以 ppt 來做為筆記的處理軟體，雖然比 word 靈活，但是依然不容易呈現。思來想去，還是沒辦法達到我要的效果，因此做筆記一直是我很煩惱的事。直到最近因為

網課的盛行，我開始使用 zoom，忽然發現 zoom 中的小白板正是我想要的筆記工具，我可以在白板任何一處寫下我的關鍵字，也可以用各種符號表明彼此的關係，還可以用營光筆畫出重點……整個筆記板面我都可以自由的置放與組織，既可以列點，也可以畫圖，也可以按我想的呈現不同的相對位子；目前就算是其他繪圖軟體，都還沒有 zoom 的小白板靈活、效果好。所以目前只要我想要寫筆記，我就會開 zoom 會議室來做筆記，然後存檔畫面，但我還是希望慢慢可以找到不用上網且一樣好操作的繪畫軟體。

∗∗ 如何寫作文

✐困難點

作文其實是很多小孩子最怕的，但我卻是從小就不怕作文。作文需要很多技能，從詞彙的掌握、知道自己要說什麼、如何去表述，然後如何加長句子、如何排列段落概念、如何集中不發散的談論概念，並且最後還要一句一句有序列性的寫出來，說真的，若再加上有書寫障礙，要寫作文就更難以完成。

✍ 寫作文小策略

在這裡，分享我寫作文的有效策略：

1. 主題自由表述：想想看這個主題有哪些相關的概念是可以延伸談論的，可以用：「想到 xx，我想到……」，例如：「想到過年，我想到紅包。」（盡可能的多列幾點。）

2. 把相關概念放在一起：分類自由聯想的內容，再把相關的東西放在一起即可。

3. 選擇作文的內容：這些相關的東西，你想要談哪些？只想談一類，還是每類都談一點呢？事先決定好。

4. 選擇每段想談的內容：列好主題，以及每段的段落及內容大意。

5. 提問：針對分類的項目，提出一些問題，用 5W1H 的方法，例如：「誰發紅包？」「怎麼拿紅包？」「紅包有什麼？」「我想怎麼用紅包？」「在紅包後面，大人想要給的祝福和期待？」

6. 回答自己的提問：將自己提出的問題一一回答。

7. 排序句子：將這些問題按問題邏輯順序排好。

8. 修改與加長句子：把每個句子做修改，並用加長句子的方式增加句子的豐富性，最後加上句子和句子間的連結詞，或修改當中的主詞，讓段落句子通順起來。

以上的方法，都是我自身用過相當有幫助的方式。當然，若是你的孩子本身能言善道，也可以不用這麼麻煩，只要拿個錄音機，讓孩子先自由說個五分鐘，媽媽在旁邊幫記錄，或是讓孩子按說的打出來，再進行修正與順序調整，最後寫成作文……這也是很有效的策略。

✲ 學習恐慌症

做為一個學習障礙者，最讓人感到痛苦的絕對不是學習障礙這件事，而是學習障礙延伸的「習得無助」，並且這樣的學習無助感，會帶來巨大的精神恐慌、憂鬱和痛苦，而且對於學習的無力感只會日漸加深，愈來愈容易爆發。

✐ 學障的挫折感

我對於寫字有著恐慌的情緒，背書也是，因為我知道我做不到，這是為難我的事。有一次，期中考題目是要默背「長恨歌」，錯一字扣一分，全班歡呼，只有我崩潰！因為我知道我不可能背起來；以前學統計學，我理解、學習都挺好的，可是老師要求手抄題目，並手算整個過程當作業 …… 我又完全崩潰了！我無法寫字，也不想寫字。

我曾寫了一首詩來描述我對學障的挫折：

思緒飛躍的太快 使我幾乎捕捉不到
每過一分鐘 時空就轉換了一次
我不知該喜 該悲 該怒 該恨
不願 但也莫可奈何
記憶上的障礙 意念的飛躍 書寫上的困難
使我如一隻籠中困獸
滿腔熱血情懷 卻無法追求擁有
詩緒 思緒 失序
我的未來如雲 如煙 如霧
似有若無 虛無飄渺 好累

每天都是一場永不止息的爭戰
我沒得選擇 也註定一切將是場悲劇
所作的努力也只不過是徒費力氣罷了
但若不掙扎 又將掉入萬劫不復的深淵
我只能繼續為著苟活而奮鬥

算了 畢竟這是宿命
我無從做抉擇 只能默然的接受
過一天算一天
直到筋力枯竭 意念喪失之時

我將燃燒成灰盡 最後迄散至空氣中
或許在那一刻我才得以解放吧

　　只要是我覺得我做不到的，就會發現我的情緒完全走樣了，我會一直抱怨、大哭，而且感到恐慌，覺得被無助感完全的淹沒，根本沒有可能從漩渦中或沼澤裡爬得出來；內在的世界會感覺被黑暗罩頂、撲天蓋地的襲捲過來，逃都無處逃，完全被黑暗吞噬。所以我可以理解，為什麼孩子一寫作業就崩潰、就大哭，因為孩子覺得自己無能為力呀！

　　有誰會喜歡在努力後卻毫無成果呢？所以為什麼學障會需要協助，因為只有給予相關的輔具和協助，還有適性的教學密碼，孩子才有可能降低障礙程度，並且慢慢減少對輔具和支持的需要，如此孩子方能慢慢的找到自己，並且發揮所長。

✍求助與支援

　　「信仰」是幫助我從黑暗中脫身的重要依靠，當我覺得我困在黑暗裡，我的神在我旁邊陪伴我，祂可以用祂大能的手提供我扶持與幫助，所有的資源都是祂的，智慧也是祂的；祂可以幫我調渡萬有，賜我智慧；重點祂愛我，祂從來不會

放我孤獨一人；祂是造我的主，祂知道要怎麼教我，雖然我讓自己和我周圍的人都很難。

但聖經說：「祂是造我的神，在我還在母腹時，祂已經認識我，祂熟悉我的一切。」

「雖然人看我為怪，但祂看我是秀美。」

「我在黑暗中，黑暗也不能讓我見不到祂，如果我說我困在黑暗中，我周圍的黑暗也都必要變成光」。

在我學習最絕望的時候，我的內心深處深知一件事，就是：我的神應許我「凡信靠祂的必不至羞愧」，我不用擔心自己會休學、不用擔心自己在家族抬不起頭，因為「祂要使我可以衝入報告的敵軍，跳過學習障礙的牆桓；祂要使我的手有力能開銅弓，並使我的腳如母鹿的蹄，可以穩行在高處」。

「信仰」是我渡過人生黑暗與面對自我的困境中最深刻的幫助，我開始遇見了希望。

如果你的孩子因為學習開始有了情緒困難，如：憂鬱、焦慮、恐慌，經常在學習中大哭大鬧，常常肚子痛、頭痛，三天兩頭沒辦法上學……請盡快帶去心智科就診，你的孩子已經開始有創傷了，他需要醫療和心理方面的幫助。

非語文學習障礙（NLD）的社交障礙與介入技巧

　　我總戲稱自己是類亞斯，反正就是跟亞斯群體很像的人；常常在人際中搞不清狀況，在人際中被嘲笑、被排擠、被抱怨，而我總是覺得自己很無辜。來看看我們的人際與社會適應的問題在哪裡！

** 人際關係辨視困難

　　我對於非語言的辨視非常困難，例如：我很難分辨別人的表情，或者說的話是在開玩笑還是認真的。對於社會的潛規則，也總是不知不覺，我根本不知道這個社會的人際是如何運作的，怎麼才說了一句話，可能就簡短的兩個字，別人就說我沒禮貌或是不合適；也不懂為什麼我直接的邀請對方

一起去玩，會被認為我在命令別人……常常我的原意和我得到的反應都是天差地別的，我一直都在被錯怪、被責罵，甚至被嘲笑。而這個痛苦是我自小到大都是如此，常常讓我絕望到想自殺，天天想著回到外星球去，那顆我所屬的星球……但我也不知道我到底屬於哪顆星球的。

我的語言治療師、心理師都努力在幫我學習分辨；分辨不同的場面要說什麼話，學習加長句子讓句子沒有那麼尖冷，學習看見別人的表情及不同的場合大家的潛規則是什麼。其實 NLD 學習人際的方法跟亞斯是同一套，就是：明講，社會性故事或社會性故事的漫畫對這一方面都很有幫助。

若是想交會孩子社交方面的事情，推薦《交友科學》這本書，還有一本簡體版本、可以上淘寶買到的《聰明但孤單的孩子》；如果要幫助孩子學會比較多的社交規則，並且想知道怎麼和亞斯的孩子溝通，可以看《亞斯伯格社交手冊》。

☆ 情緒辨視困難

我一直到上了五專，對「情緒」的命名都還很模糊，對情緒的辨視更是完全不理解；甚至我也無法理解為什麼同學就突然暴跳如雷了。

五專五年級時，我曾經參加醫院的兒童劇團，但身為主角的我，什麼情緒都沒有辦法表達到位。彩排時，我的表演一直被 NG，直至深夜了，學姐們看我這麼努力但就是無法表情到位，她們實在不忍心再不停的打擊我（其實我是無所謂，因為我覺得要就要做到最好），最後決定讓我就這樣過了。

　　雖然上台演出時，我的表情演不出來，但是我對孩子的魅力從來不是蓋的，即使演個負面的角色，居然還讓孩子們愛上我；我一直知道我跟孩子們之間從來不需要更多的媒介，我們喜歡彼此是理所當然的。

　　不理解情緒的我，平常能體會／感受到的情緒也比較平淡，大多數能體會到的情緒是「憂鬱」。所以，有時我並不是很能體會別人情緒的變化，或是對方在某個事件中的尷尬或難受，也因此在當主管時，常常會讓屬下失望，甚至完全失去人心。也因為我不能體會到大家的情緒以及他們被需要的情緒照顧，雖然我很愛他們，也重視他們的勞動福利等等，但做為一個木頭人，其實很難照顧好大家的感受。還好後來公司換了主管，我從主管的位子下來，員工才留了下來，也讓我鬆了一大口氣。

✲✲ 焦慮／沒彈性

NLD 的孩子一般對於陌生情境都會比較焦慮、膽小、缺乏彈性，面對不能理解的情境、陌生的環境或是不能理解的建議，也常會大哭拒絕；而這個大哭的情緒不是憤怒的表達，更多是來自於害怕。孩子的害怕與大哭，只是在告訴你，他不知所措，他需要有人告訴他細節，還要告訴他怎麼辦。因此，好好的預告和孩子說明整個過程，都是非常有必要的教養策略。

以前我在當籃球社社長的時候，因為下雨，比賽必需延期。其實這會讓我非常不舒服，我就會一直自言自語：「下雨了，下雨了……」其實我想要的是放晴，照常比賽；不是因為我不能接受下雨的狀況，而是不能接受下雨後要面對的挑戰，例如：整個賽事的重新安排、借場問題，還有期末壓力等等，因為我是不知所措的，所以我便會以沒彈性和僵化、固執來表現。當然，人終究不可能左右老天，我還是要面對所有接踵而來的問題。其實到最後我也是可以見招拆招的，只是在問題發生的當下，我的情緒常是卡住的，我會以否認與沒彈性來面對我遇見的困難。

一直到現在，我也常常表現不出那個彈性。跟我相處時，最常遇到的就是：當我反對一件事情，只要談開來，就會發現，我其實只是卡在對一個點上的不知如何應對，也就是欠缺更有彈性的想法，總覺得事情就只會是這樣，沒有別的可能性了。而我的同事（語言治療師），她最常需要做的工作就是提供我其他方案，幫助我看到其他解法，我就不會僵持在那裡。卡住的我們，其實是很需要有人來鬆動思想的，而且隨著經驗的增加，我們有可能腦中會有更多解法的方案，以便未來我們又遇到同樣的狀態時，可以自己從僵局中解脫。

✱✱ 大學特殊生的學校適應

大學是我們成為成人的必經之路，也是我們邁入成年期的前哨站。這個地方教會我們生活的職業技術、學會自我管理與完成任務，並且教我們與人相處；大學是很重要的地方！但因為大學不再像以往的教育階段有著特教老師的照顧，開始要對自我負責，以便順利從大學畢業。學障者如何面對大學階段的學習，就變成很重要的事！以下是我的幾個建議：

1. 知己知彼

* 知己方面：

要求知道自己的興趣、能力、優弱勢，過去有效的學習策略及需要的輔具，與學校資源教室可以提供的支持協助，知己所長、知己所短，並能截長補短。

* 知彼方面：

要理解各科老師的要求、系上的要求，對於科系能力的要求。既然你選擇了這個科系，一定有你的理由和考量，或許是分數因素，或許是有點興趣，或是覺得應該能克服，要不然就會像我一樣有個幼稚到不行的理由：想離家出去玩。

做法

既然你是有興趣或有相應的某些能力，只是不擅長，那麼在大學學習時就要學會擅用己所長，並且避開己所短；爭取自己有個突出的能力強項，使得大家都無法忽略你，你就有機會可以在大學中生存。不管是學業、人際、社團、志願服務什麼都行，就是做出最好的你，打造出一個屬於個人的品牌。

以我自己舉例，我是以「小博士、智多星」出名，大家對我的印象就是「知識」，我可以回答同學不同的問題，樂

於協助同學學習，讓他們可以順利做報告……所以不管我人際有多笨拙或是整個人有多不受歡迎，大家都還是會給我一定的尊重，並在做團體報告的時候，一定會有人想要與我一組。

相對我的另一位朋友，她打的品牌就是好人緣！她搞笑、知所進退，處處受人歡迎，她周圍永遠不缺朋友；她學習有困難，大家都會幫助她，她也樂於把她擁有的跟人分享，經常為他人製造幸福感的小驚喜，所以大家也都喜歡她。

有一項自己強到被人需要、而且無法被忽視的能力，是非常重要的。此外，要理解自己不擅長什麼，在不擅長的地方，尋求資源與合作，讓大家幫忙你；當然不是一味的擺爛，而是要讓別人知道，你在你有的能力上，你願意盡力去做，並且幫助大家……這樣的態度，也會讓別人樂於在你不足的能力上，順便拉你一把。人本來就是互相的，不可能只要求別人、奢求別人的幫忙，自己卻一點都沒有付出。

2. 態度優於能力

不管自己的能力好與壞，也不論自己的障礙有多大，有件事情一定要注意，就是：**態度比能力重要！**面對同學要友善、要謙卑，在同儕關係間若沒有被霸凌，吃點虧也沒關係；

在老師面前，經常請教，也努力表現自己的所會所知，就算寫報告，覺得自己寫不出來，也主動帶著自己的困難去找老師商量，或用自己可能的方式來表現自己做了哪些努力。總之，展現自己的努力，多去溝通需求，並用自己過去已知有效的經驗，請求老師的協助（這是自我擁護），只要態度正確，並且能表現出自己願意努力，通常都可以在老師那裡得到協助的彈性。

另外，如上所說，表現一己之長！就算你學習很差，老師還是有可能認可你，願意幫助你、欣賞你。以前我唸五專時，考試成績常常在邊緣，實習寫報告、考試也都不理想，但是我寫報告時「態度」很認真，我可以證明我懂的東西，老師就願意在我交報告的日期上給我一點彈性。

也曾經遇到一位網友，跟他聊了幾句後，我就不太想理他。他是一名學生，他說自己學習有困難，一直在問我，他的學障怎麼辦？學習怎麼辦？但每次只要一談到學習、讀書，他就說讀書很無聊，也不想認真為學業負責，還抱怨學校老師很差、資源教室老師跟他不合……但事實上，是他的資源教室老師常來主動連絡他，他卻不予回應，只是挑剔老師。像這樣的學習態度，在沒有特殊的情緒狀態（如：重度憂鬱症）下，就只想當永恆少年、做一個扶不起的阿斗，這

樣論誰都不會想幫忙他；永遠的耍賴，卻不願意有所付出，這是絕對不可取的。

主動與好學的態度，永遠是在大學生存的第一位。

3. 學習自我管理

大學生活可以說是成人生活的前哨站，最需要養成的就是自我管理的習慣。如何穩定的讀書、運用策略讀書、學習與人交往、擴充生活經驗，並且學會面對挫折及尋找資源，要為自己的學習負起責任、找出方法，而不是為自己的障礙找到藉口，允許自己的失敗。

學習很難、效果很差，也要反覆學習，不停經歷挫敗，但是付出就會有收獲；主動去尋找資源和協助，「尋找」才會「尋見」。另外，以廣結善緣的心去面對所有的事，之後你會發現，自己身邊的「貴人」愈來愈多。謹記一句話：「幫你是恩典，不幫你是應該的。」秉持這樣的態度，才有可能減少自怨自艾，並有愈來愈多的幫助會來到你身上。

4. 善用資源

資源包括了實體和網絡，也包括社會上的協會、臉書的社團、學校的資源系統、外面的各樣機構或課程，還包括你的老師和同學、學校社團的學長姐……這些都叫做資源，又

叫人脈。人與人之間是相處來的，你願意多投入在什麼事情上，就會得到相應的回報。你願意在網絡社團中多逛逛、看看，你就會看見其他人的經驗；如果你願意和人聊聊、彼此打氣，相關的策略就有機會交流；你到社福團體（協會），你多參與他們的研習，你會找到更多策略與方法；若是願意在那裡當志工，就會收獲更多的人脈，讓這些人脈在關鍵時刻願意幫你，或者起碼他們對你有認識，才知道可能可以怎麼幫你。如果你只是躲在自己的小世界，不斷的抱怨環境，並且對自己感到絕望，羨慕別人為什麼有幫忙的資源……倒不如先問問自己，你為自己做過了什麼？

***** 面對挫折的勇氣**

⧸挫折是日常？！

　　挫折，對於學障來說是最平凡不過的事，雖然人生在世很難沒有挫折，只是學障比別人在更小的時候，就學會了佛系思維一船過水無痕，即使再努力也沒用……所以他們與世無爭的心態是自小養出來的。但這不代表我們就不挫折了，我們甚至挫折到會恐懼、會焦慮、會自我懷疑，尤其擔心不

能在社會上生存。我曾經把這樣的心情以及對於人生意義的質疑，寫成下面的〈熵〉這首詩：

人的價值如何去判斷？
是非對錯有無標準？
天使惡魔該怎麼區隔？
歌德為天才的精神病作家、
愛因斯坦的軀殼共生著白痴與天才，
我是誰？

五彩的世界開始變得單調，
生命開始變得沒有意義，
心中如同一個無底洞，怎麼也填不滿。
孤單的靈魂仍感到寂寞，
個體迷失在霓虹之中，
幾十馬力的大氣壓力，使人喘不過氣！
人生數十載，所為何事？

東經、西經，最終交會在格林威治；
白晝、夜晚，構成生物節律；
黑暗與光明同為一體；
阿尼瑪及阿尼慕存於人類意識。

人的原形本為雌雄同體，

本我憑著生之本能在求生，但也循著死的本能在前進，

求生的本能只為了完成尋死的目的。

宇宙遵循守恒定律在運行，

每次的氧合代謝之間，生命開始又結束。

我取代了前人的生命來苟活，

後人也將取代我來生存，最終都將合而為一。

庸碌一生卻見凋零殘花，

汲汲營營、努力找尋，烏有，

世界一遭，竟只為求一場愚昧！

✐ 與困難共存

　　阿德勒認為：「每個人都會感到自卑，也因為自卑會想自我超越，人人都有理想主義、完美主義的傾向與需求。但當人覺得自己不像自己想得那麼好，就會感到沮喪、挫敗。而人最終的生活方向其實就是貢獻社會，並在貢獻的過程有成就感、歸屬感、友誼和親密關係，這也是人生最基本的需要滿足。要達到這樣的人生最終目標，人需要先認識到自己的優點與資源，在他人的鼓勵中，看見自己想要的生活方向，並產生對於想要的生活型態那份實踐的勇氣。」

所以面對挫折的勇氣，第一步來自認識孩子的優勢。知道孩子有哪些優勢、擅長什麼，看見孩子的內外在資源和能量，然後透過鼓勵可以賦能孩子；鼓勵指的是看好他、看見他有的、看見他在做的，甚至是幫他鋪台階，讓他可以做到他可以做到的事。當一個人有能力挑戰自己擅長的，並且不斷的看見自己的優勢與進步，自我效能感自然就會增加；孩子會知道學障只是自己的一個弱項，而不是全部。

　　生活有比學障更重要的事，生活可以忽視學障的特質來發揮，當然家長自己要先有這方面的眼界。學習畢竟不是生活的全部，也不是人生的全部；人生是有更多的空間與道路，也有很多有趣的事等著我們去發現、去體驗、去學習。「行行出狀元」，就是這樣的概念。

　　當孩子有能力去挑戰了自己擅長的事，並爭取做到最好的標準，孩子在過程中已經學會面對困難和挫折的勇氣了。之後在回頭看學業的挑戰，也會有類似的勇氣來看待，而且知道「我面對，我就已經有處理它的能力；而這樣的勇氣，可以帶給我不同的機會和觀點，我不再是被自己的困難壓著打，而是我可以與困難共存」。

我的經驗

　　這讓我想到我這陣子在玩滑板的過程。當一個初學者就必需面對衝下坡、衝上坡等挑戰，說真的，這是非常大的恐懼！衝下坡時，坡是斜的、也夠高，如果沒有助跑空間，意味著自己的身體要在極短的時間從腳位開始轉至滑行腳位，感覺根本沒有多少時間可以轉位，在那麼高的坡上衝下去，整個人似要飛出去一般，站在上面往下看的那一刻，腳真的會抖。

　　衝上坡就更刺激了！必需要用夠快的速度和助跑，才有機會衝上那個坡，一旦衝不上，就會倒滑回去。你能想像這個壓力嗎？跑得不夠快，在坡的一半，突然身體開始在高陡的斜坡倒滑，如果不夠鎮定，身體一慌，肯定要摔出去的。

　　我就這樣不停的在小斜板上面練，練下坡不助跑直接下。為了自己之後可以在高坡直接下，我不停的練習，卻怎麼樣都不順利，因為自己的滑行不夠順，用力滑快，就沒有太多空間轉換腳位，但不用力滑，會連小斜板都上不去，遑論那個高陡的斜坡。

　　我不斷的在小斜板訓練下和上，在一次一次的失敗中體會，我覺得我的身體好像比較能適應這樣的壓力了，因為知道是小斜板，就算受傷也不會太過嚴重。當我的心理可以面

對小斜板的時候，我已經準備好去玩滑板的勇氣，進而可以站在高坡上，去經歷一次一次下滑的壓力，以及上坡的衝刺及失敗時的倒滑。當我在高坡上不停的去經歷，雖然不是每一次都能順利成功，但覺得我已經成功了，因為我面對了滑板，也面對了恐懼；而恐懼也不再這麼的巨大，我相信我過得去的坎。

其實人生也不過就是這麼回事，我們都會有很多的焦慮及恐懼的事，但當我們可以直面恐懼，並且知道自己可以做到很多事、可以用行動來面對焦慮，我們知道自己的存在不再是那麼的卑微、甚至缺乏希望；當我們可以看見自己的價值，並且知道我是這個大社會的一部分，我就可以有存在的勇氣及面對困難的勇氣。也因為我知道沒有什麼過不去的坎，人生有許多的可能，這樣我就可以接受挫折是常態，也具備了面對挫折的勇氣……這樣的思維，可以為自己帶來更多的「我能感」，帶來更多可以面對挑戰的勇氣，並保有希望。

以上種種的經驗與心得分享，希望可以成為同樣是學障人的鼓勵，也成為家長們可以保持的理念。

國小學科的學習輔導

　　學障按照定義是指：「神經性心理能力異常，導致在聽、說、讀、寫、算的困難」；類型更是多樣化，從閱讀障礙、書寫障礙、非語文學障（知動型學障）、算術困難、口語型學障……每個類型影響的層面也非常不同，障礙的特點和優勢也非常迴異；即使同樣的症狀，也會因為障礙類型不同，而呈現完全不同的面貌，解決方式也完全不一樣。所以要用三言兩語，說清這個主題是非常困難的！

　　但在實務現場工作了那麼多年，我發現要談學障輔導，就要先了解障礙的類型特點；孩子表現出來的錯誤類型，往往也透露出那條專屬的解方密碼。以下我嘗試將有點複雜的概念，以國小不同的學科項目分類講清楚。

⁂ 國語科

　　國語科的核心在讀和寫；讀的首重在閱讀理解，寫的核心則在想法表達。但不管是讀或寫，都有一個階梯金字塔的能力共同來完成。

✍ 讀

　　讀的底層是識字，如果孩子本身識字困難，那可以預期「是無法獨立閱讀」的；第二層是語言，如果孩子語言經驗缺乏，包括對字、詞的實際掌握，那孩子就無法體會字、詞、句的意思；第三層：則是閱讀理解。有的孩子閱讀字、詞沒問題，卻無法理解句子或文章而造成這樣現象。除了學習障礙的因素外，有一部分注意力困難者也會這樣（例如：我老媽）；第四層次推理思考：許多孩子是在高層次的閱讀思考出現問題，他們無法運用文字線索來理解文意，也無法理解背後的喻意。這一類的障礙一般會出現在理解／推理障礙或非語文學障的孩子身上。

　　低階若有障礙，肯定在執行高階能力會有阻礙；但不代表一定會是因果。有些孩子除了識字外，其他能力一點問題也沒有，透過報讀，孩子可以輕易的跨越障礙；但絕大多數

的孩子，低階有狀況，通常後面的高階也有狀況，需要一步
一步的協助與訓練。

∥識字與寫字

　　許多孩子識字有困難，在寫字通常也會有困難；但反過
來，則不一定。很多書寫障礙的孩子，識字完全沒問題，卻
寫不出字，因為字是讀和寫的基本單位，在此一併討論。

　　一般來說，我們會先觀察其錯誤類型：類形異字多或類
音異字多？這基本就分開了兩種不同介入的走向。

* 類形異字多

　　一般來說多數的讀寫障礙者為類形異字型。這類的孩子
擅長使用視覺，並擁有藝術類的才華；很多的學障者在繪畫
上非常突出，多半是這類型的。這類型的孩子在進行錯誤類
型的介入時，要更強調帶入字形與義的連結，利用「活潑的
漢字」這樣透過甲古文的演變，進行字感的教育，以及強調
部件意義、使用時機、部件與字義推測（部件字帶字）等方
式，將有助於增加識字的能力。

* 類音異字多

　　「類音異字」的孩子，多半是聽覺優勢型。這類的孩子視
覺使用通常是弱勢，也不太愛繪畫，像我就是屬於這類型的。

這類的孩子介入要透過語感教育，透過強化語言經驗和語感，帶入「音—形—義」的連結，與上面相似的，解析字義、強化部件，將有助於學會正確的字詞運用。拿我前述的「狐假虎威」為例，我就是用：狐狸是狗的親戚，並是小孩，所以要用犬部，不是子部……透過常識的輸入與字義連結，回頭解析字詞。

這類的孩子多為書寫障礙，較少有識字障礙，但因為中文是象形文字，也還是有可能出現識字障礙的孩子。造成識字障礙的主因，多半在於字體的相似度太高，孩子出現無法辨析的情況；若將字體放大，強調細節的辨認，透過「部件字帶字」的方法，將形似字進行強化比較，將有助於此類的孩子突困。

∥閱讀理解障礙

說到閱讀理解障礙，又是一個大學問了！從最基本的語言經驗（對字、詞、句的理解）、語用、前後文的脈絡掌握，到最後的閱讀推理，閱讀其實是一個很複雜的技能。

不同的學障孩子，介入方式也不盡相同：

1.口語型學障的學生在最基層的語言經驗就會卡關，因其障礙特質，這一類的孩子本身在聽說就有嚴重的問題，語

言的使用也很困難，在這樣的情況下，還要再進入閱讀，基本上是不可能的任務。因此如果孩子本身聽、說就有相當的困難，介入的起點要回到語言本身；尋求語言治療師的介入是非常必要的！

此外在教養中要常常和孩子說話，提供大量的語言經驗，讓孩子從大量的聽，慢慢內化語言經驗，最後形成內在認知，供其在閱讀和表達時使用；跟孩子說繪本和故事，也是很好的訓練策略。

2. 多數的學障會從第二關「語用」開始出問題，因其組織力弱，不擅常組織訊息，很可能讀著讀著，意思就讀岔了；有的孩子甚至連讀一句都感到困難，有的孩子則會迷失在段落的字句中。

這類孩子最常見的就是解題式的閱讀技巧，看著題目尋找關鍵字，關鍵字就成了答案。最常見的現象就是：在解應用題時，有數字就抓數字，找到「共」或「差」的關鍵字，就一股腦的把所有看見的數字全部加或減，至於整段在說什麼，其實孩子根本沒了解；有的孩子則是在閱讀國語時，抓著特定字詞當重點，這也是問題所在。

3. 第三類的孩子是找不出脈絡、組織力差或注意力差，讀著讀著就迷失了……到底整個事件的來龍去脈是什麼，根本不曉得。

這類的孩子需要閱讀策略的介入，透過閱讀策略的介入和心智圖的學習，孩子會慢慢找出整個文章的層次與重點。而這樣的訓練，坊間其實不缺乏閱讀訓練班和相關的訓練書籍；如果真的不知道要找什麼樣的書來參考，可以搜尋<u>陳欣希</u>這位作者，這是一位在台灣致力推廣中小學閱讀技巧的教授，出了許多關於中小學生閱讀理解技巧的作品，供給家長和老師教學參考用。我本人也是欣希老師的粉絲，欣希老師是我二技時期教我們專業課的老師，這幾年我也一直有在 follow 她的研究成果。

✐寫

寫的核心在於「表達」，扣除基本的「握筆動作困難」和「字體輸出困難」，剩下的重點全在於「表達」這件事。

書寫困難的成因也是錯綜複雜，同時也是學障的主要困難。以下有幾種狀況：

　　1. 如果孩子低張、動作協調困難、精細動作差，孩子就會拿筆費力、無法控制、容易手痠、經常寫字無力或過度用力，最終疲憊不已。這樣的狀況，任誰都沒有辦法恣意表達，肯定是能多精簡就精簡，就算平常想法很豐富，但為了省力就不願寫字；如果再搭配「字體輸出困難（再生記憶缺陷）」，一邊寫還一邊卡關，這個字也寫不出來、那個字也寫不出來，都換句話說了，還是有字寫不出來……可想而知，這多麼阻礙思路和表達。我們腦中認知資源的運作是有限的，當我們同時在表達又同時要想字，就有可能中斷原先要表達的句子，導致無法表現，而呈現書寫性表達障礙。

　　如果是這類的書寫障礙，透過口語錄音取代書寫表達，通常會有很好的表現。此外，這類的學生職能和打字學習都是非常有必要的，這可以幫助孩子找到另外一片天。我就屬於這一類的書寫障礙。

2. 還有一種常見情況在於表達本身就困難、組織力也差，是屬於以「書寫表達」障礙為核心的障礙。這類的孩子透過主題的發想、組織力的訓練、口語表達的訓練等針對核心介入的策略，才有辦法真正的協助其突困。

此外，書寫的本質中，內容（知識）也是重點！若是孩子的生活經驗不足、知識所知甚少，也談不上要能夠順利表達想法或寫作，因此平日帶孩子多接觸各種生活經驗和學習各樣的常識是非常有必要的。

∗∗ 數學科

數學主要分成三個區塊：計算、應用題、幾何。

✐計算

計算的核心在於「數感」的建立。而非語文學障的學生，有許多一開始對於數感就不理解、欠缺對於數感的意識，這需要特意去培養的，如同小三時的我，還不知道 100 怎麼來的。我也見過許多學生，12 的 1 和 2 基本都是同樣的意義，所以就會算出 12 X 3 = 9（3 ＋ 6）這樣的答案;而且經過解釋，孩子還是不能理解為何而錯……這就是對數感的個十百千位

的意義不理解。

透過如「蒙式」的數學教具，可以有助於建立這塊的數感經驗；此外生活教育也很重要，常常讓孩子體會數量在什麼下情境會變多，哪些情境數量會變少，哪些情境使用加，哪些情境用乘……透過大量的生活經驗與操作理解的帶入，才會有助於真正突破數學的困境。

∥ 應用題

應用題一般最大的問題在於閱讀和理解。許多的孩子喜歡抓關鍵字，然後把所見的所有數字全部運算在一起，但其實孩子根本不知道自己在算什麼，更不理解題目在說什麼，也無法好好思考題目的意思，整個作題的過程都靠猜的。

這類的情況要先從句子抓起，除了前述講到要協助孩子真正理解數學符號的運用時機，再來就是要增加對句子的理解，不管是以閱讀理解的形式來理解題意，或是透過句子閱讀來將情境圖示化，都有助於應用題的學習。

∥ 幾何

幾何對於非語文學障的孩子是非常難理解的，因為對於圖形操作的理解力偏弱，透過實體觀察、操作，並總結出規則與法則，將有助於孩子順利學習。

透過操作體驗後，形成對於知識點的記憶，然後以記憶的優勢來克服圖形操作想像的困難，這是一個很好的突破口。

✱✱ 自然／社會

這類的學科會建議加強對話與觀察，透過問答、觀察等引導，讓孩子總結自己的知識，並教導孩子整理自己的知識筆記，不管是透過心智圖或其他方式，只要孩子能表達自己所學的即可。

此外，因為這類的題目現在幾乎走向了素養式的題型，因此「閱讀理解」成了關鍵；加強閱讀理解及大量提供不同類型的閱讀材料（包括漫畫），只要孩子能學習，不管是漫畫、實作、影片、故事帶、科普故事書，甚至是父母／同學的共學，都是應該可以使用的伴讀工具。

給父母的一段話

　　學習的目的絕對不是成績的好壞，而是可以使用這些基本工具來學習在社會需要用的常識，父母的心有多大、多寬，孩子的路就有多廣，我們雖然不同於一般的學習方法，但只要找對我們的鑰匙，我們仍然有自己的一片天。國外學障生成為律師、科學家、作家的人多的是，更不乏許多技術人才和藝術人才，只要看得見孩子的亮點，給予孩子在障礙面上的一點輔助，更多聚焦在孩子擅長的事，你的孩子絕對也是某方面的頂尖人才。

　　以我自己的經驗來說，以前我學習很困難，但現在學習對我來說，不再是記憶和填鴨性質的，更多是資料庫運用的概念。我學習 python，我建了一個語法庫，供我查閱使用，而不是將它塞入腦中；我學習德文，我也是把文法視為一種工具，在我需要的時候，把材料套入使用，而不是要自己學會這件事，是要理解什麼時候要用什麼樣的文法。

　　未來的世代，不管是因著資訊爆炸帶來的知識儲存與應用模式的改變，或者對於學習的概念的改變（終身），或對於行業的改變（soho 族、新創產業），比起基礎的知識具備，未來的世界更講求的是應用的能力與問題解決的能力，並且

需要具備終身學習的態度；愈會使用資源與工具的人，才會是未來的贏家。

　　學障可以是一個災難，也許在學習上總是困難重重；但也可以成為另類的祝福。因著我經常無法以一般的方式學習，所以我經常在找新的方法與策略，也經常在想辦法使用不同的輔具。為了解決自己的問題來完成日常的要求，我經常會把某個東西賦予新的用法，來幫助自己可以完成學習的要求，又可以滿足自己的障礙需求，因此我成了解決問題的專家；進一步的，我也把同樣的敏感度運用在我教的學生上。我會觀察孩子的言行與學習歷程，然後分析他們的需求與優勢，最後以適合他們的方式設計他們的教材。我常舉例，光「數數」這件事，就可以有三四種不同的教法與輔助孩子學會的提示策略，至於哪個孩子要用哪種，在沒見過孩子前，一切都不好說。因此，我不但能做隱性障礙孩子的教學，對於認知障礙孩子的教學，我也都可以處理。

　　孩子之所以卡住，是因為我們不懂孩子的需要、看不懂孩子的密碼，不知道孩子需要什麼、適合什麼，但如果我們願意放下普遍性的價值觀與做法，其實孩子本身已經告訴我

們有關他的所有事情，只在於我們是不是真的能看見、能體
會、能懂他們。

　　不管是學習策略、生涯輔導，乃至情緒處理，其實都適
用這個概念，這是我個人的經驗體會。

第四章

職業預備與探索

　　生涯職業是每個人的必經之路，特殊孩子的
生涯更該被提前重視，因為適性的發展，才有可
能適才適性適用。做父母的一開始就要看懂孩子
的特質、能力、弱勢，好在教養與人生培養當中
可以找到那個屬於孩子的專屬通道。

生涯輔導基本論

　　每個孩子天生就是一塊料，而父母有責任看懂孩子是什麼料？孩子不是鐵，硬要他成為鋼，這是匠人的問題，不是材料的問題。其實孩子在他們四歲五歲的時候，就已經告訴我們「他」是誰。回顧孩子的小時候，如果你不管他，不給他電視和手機時，孩子都在玩什麼？

　　孩子玩的東西與他常做的事，就是孩子的密碼。

　　我從小無聊的時候，我會玩很多想像性、假扮性的故事遊戲，但我絕不會去搭建東西和畫畫。

⁑ 影響生涯選擇的因素

在相關的身障生涯理論告訴我們：生活經驗、孩子興趣、孩子能力、孩子人格與價值觀是生涯選擇的重要影響因子。夠多的生活經驗才能讓孩子有機會去試自己能做什麼、喜歡什麼？進而形成了興趣；而興趣帶動更多的實作經驗，並在多次的克服困難後，形成了成就感，讓孩子感覺到有自我效能，孩子樂意並不害怕做這樣的事，也相信自己能克服這些困難。

而孩子的個性與對於價值觀的選擇，也會有很大程度的影響孩子適合做什麼工作，比如：孩子性格內向，他可能不適合去當推銷員，但孩子可以做廣告文案；如果孩子喜歡助人，孩子就會想做第一線個案輔導，而不是當公務員；如果孩子的夢想是賺大錢，孩子就會希望可以創業、冒險，而不是在下聽人指揮……這一切的一切都是在考慮生涯的時候不可以忽略的。當然這一切也包括障礙特質，例如：孩子不擅人際、擅謀略，孩子就要找公關伙伴；孩子擅創新不擅規劃，就要找個祕書來幫他工作……這些都是必需被考慮的。

我的故事

　　回顧自己的成長，我有個能力一直都很明顯，就是與兒童相處的能力；這樣的能力在我小學六年級時，就已經非常突顯了。我經常利用假日去阿姨及媽媽的店，幫她們照顧客人的孩子；也帶著市場的孩子一起冒險、玩鬧。孩子們經常帶著她們的零用錢來請我打電動、吃東西，我身邊永遠不缺比我小的孩子。後來，在唸五專的時候，讓我感到最放鬆和最開心的就是去醫院陪伴孩子，沒有一個孩子會不喜歡我；實習之際，也是在兒科讓我感到最如魚得水的時候。

　　我知道並證實了自己有跟孩子在一起的天賦！

　　另外，演講和寫作也是我的天賦！從小我就討厭畫畫，我有心事時，我總喜歡向日記本傾訴，雖然我有書寫障礙，但這一點完全不影響我的寫作；我寫詩、寫散文、寫心情，文字是我最好的朋友，除了「國字」本身喜歡跟我玩捉迷藏外，我就是能抓得住語言。

　　小時候，我最喜歡的就是「造句」，喜歡發表，喜歡被看見和聽見，喜歡表現自己。老師也讓愛說話的我去參加演講，沒想到後來演講成了我人生生涯的重要環節；直到現在，即使我不會交朋友、人際不好，照樣可以是成功的演講者。

現在孩子、寫作、演講，是我人生職場上的三大利器；我成功，是因為我發揮我的「所是」，而不是硬成為了那個「非我」。

** 社團，是能力的養成

社團對我而言，一直是重要的活動之一；在社團中我學到許多重要的事，除了一些興趣的培養，我還學會如何宣傳社團、辦活動、整理檔案、寫企劃案以及跟學校及社團老師做協調等等基本事項。

我的故事

五專的時候，我參加了家藝社、校園團契、籃球社、直排社，有的社團是一週去二次，有的社團是幾週去一次；我同時也擔任了學校團契及籃球社的幹部。二技的時候，則是接下了籃球社的社長，本來學生會有意拉我去當學生會的幹部，但我想我已經夠忙了，想專心在一個社團。

家藝社的活動，我只有在烘培活動時才去，我發現自己還是有點興趣及能力的；現在有時候，我也會看食譜弄弄東西，大部分也會成功。直排社，就只是單純的社員，穩定的

參加社團活動，也學了許多溜冰的招式。學校團契中我的職責是公關，負責整理社員檔案，還有安排分組。籃球社裡，我是器材組組長，負責安排每次社課及活動時的器材。

在二技當籃球社社長的那一年，我印象特別深刻！那一年，籃球社幾乎面臨倒社，沒有人願意接任社長，學妹們想起了我、來拜訪我，希望我可以接下社長。我考慮了很久，最後我答應了，但我也要冒個風險，如果社團在我手上倒社了，我就要背負一個大過；為了當社長，我停止所有的志願服務。

那一年，我嘗到了很多的感受及辛苦，因為有二年的時間沒有擔任社團幹部，也沒有參與社團，所以覺得對社團很陌生；加上以前的社團經驗都只是當個小小幹部，最大的職位也只幹到器材組組長，所以我不清楚別的職務要做什麼事。我向其他社長朋友請教，把每個職務的內涵好好的學習了一遍，讓沒有意願留任的幹部辭職，甚至舊幹部無需交接，重新找來一群幹部（都是一年級新生），開始親自一個一個教導他們。我試著建立一些運作制度，終於，慢慢的讓社團上了軌道。

在過程中，當然有很多的辛苦，比如：學妹們不瞭解事情的嚴重性，表現不主動、鬆散的態度；或是因為經驗不足，

犯下了一些錯，我必需要想辦法解決；再加上當時社團教練是位體院的大四生，對於社團的參與不積極，我還必需要代理教練的工作……這些事情讓我幾乎沒有打籃球的時間，也讓我覺得「去社團」這件事變得很煩！但相對的，也因為這一切，我學了許多事情。隔年，當我把社長的棒子交出去後，不但所有的幹部願意留任，也開始有了主動性；同時，下任社長也持續了我的做法，社團終於活過來了，而且成為被認可的社團。聽說後來這個好狀況還延續了好多年呢！

後來當我開始進入社會工作，我發現社團的經驗很有用，特別是在辦活動及提出企劃案、擬預算的事情上。我覺得社團是工作能力養成的好地方，又可以交到一些朋友，還可以培養興趣，所以，若是可以參加社團，建議就讓自己投入其中，這輩子是不會後悔的。

** 志願者服務，是最好的「做中學」模式

我有許多志願者的經歷：我曾經在兒童醫院當了三年志工（二年在遊戲室，一年在兒童劇團）、在諮商中心當了 2 年半的志工、在人本當過數學想想的志工、在籃球社經常

要去附近國小教孩子打籃球、在國小的啟智班當了半年的志工、在赤子心更是從孩子托育到幫孩子上課，甚至到為家長諮詢，最後終於直接成了正職；現在雖然離開了赤子心，但是我對 ADHD 的心是不變的。

我的故事

因著這些志工經驗，我「做中學」了很多事，特別是赤子心的志工經驗，使我建構了特教知識，這在我考研究所時，給了我很大的好處，所有的考題我都有經驗可以連結，讓我都能做答；最後在研究所的歷程中，更進一步建構我的專業深度。

「做中學」，一直都是 ADHD 和學障者最適合的學習模式；給孩子一些志工經驗，有助於他增廣見聞，也培養更多的人文關懷。

懂愛的孩子，永遠會懂得珍惜及感恩，也會更容易愛人及適應社會；幫助孩子在志工經驗裡找到一些學業中找不到的成就感，也有助於建立孩子的韌性及自尊。若是可以，就幫孩子找個能力可及的志工服務吧，例如：探訪老人或孤兒院、照顧流浪動物、為社區打掃等等工作。

在那麼多的志願者經歷，我做了哪一些？是怎麼開始，又學到了什麼呢？

✎兒童醫院

兒童醫院的志工是起源單純對孩子的熱愛，我想有時間跟孩子相處；在三年的志工經歷中，我享受著和孩子一起的時光，也不停驗證我在與孩子相處上的天賦。

在志工培訓中，我學會了折紙、折氣球；在劇團中，我學習演兒童戲的一切基本技術，包括：舞台元素、如何發聲、如何走位、如何打開肢體，還學習如何感受及表達情緒，雖然情緒的表現是我最弱的部分，但是卻還是提升了我情緒表達的能力。我一直認為過動兒學習戲劇可以帶來很好的 EQ 學習及合作學習的機會，現在欣賞兒童劇是我最大的興趣之一，而且我還是非常熱愛兒童劇，也總希望有一天我可以再跟兒童劇結緣。

✎諮商中心

到諮商中心當志工，是因為自己慘痛的圖書館工讀經歷，這讓我意識到自己在領悟別人的指令、如何完成指令及文書類方面的事情有很大的問題。於是我開始恐懼自己進入

職場會缺乏這些基本能力，剛好就在擔心之際，我看見諮商中心在招募志工。我心想，這樣的環境應有助於我學習，反正是沒有支薪的，即使做差了，也沒人好意思怪我，我正好可以藉機會練習。

　　沒想到進入中心後，我交了許多朋友；諮商中心的志工大部分都是低年級的，而我是高年級的，所以大家也很尊敬我，在這樣的氛圍中，我也學習照顧這些學妹。

　　過程中，我練習接電話、做文書、弄海報、接待人的禮儀、辦活動等，還學了些特殊的事，如：改某些心理測驗、做心理測驗資料統計等。大部分的事我都可以做得很好，但遇上需要精細動作的事，我還是很沒辦法、很挫折。還好老師們只會鼓勵我：「不要在意、不需要做不會的事。」所以，我可以很自然的表達：「我不會做，或我做不了。」然後讓別人來做這些事……這些反應對我很重要！

　　我不僅參加了許多的團體及訓練，也學習如何當個陪伴者；雖然我社交技術不是很高明，可是在專業上，還是可以跟家長們順利談話、做家長的心理支持，這些很多的部分要歸功那時所接受的陪伴者訓練。這些歷程，開啟了我對心理諮商專業的興趣，使我不停的在了解、學習著，誰知道或許有一天，我可能也會踏入這個專業領域也不一定。

✍啟智班

到國小啟智班當志工是我研究所一年級的事，主要是因為我報名了一門課，學習有關認知科學的事；培訓是免費的，條件就是要到特教單位擔任半年志工。在這個過程我見習了啟智班課堂的運作，並且不斷學習處理孩子的行為問題，藉此我也可以檢驗自己的專業能力發展到什麼程度。因為我是研究所才入讀特教專業，我不需要實習，但若不是到啟智班當志工，我想我永遠沒機會了解特教班是怎麼運作的。

✍赤子心

在赤子心的志工經歷學習，那就更不用說了。本來是因為被美馨姐的愛及關懷感動了，就在她第一次對我說話的時候，就把我的心給融化了，我整個人驚呆了！我心理想著，如果我都可以為不認識的孩子付出，何不也把自己對孩子的專長奉獻給跟我一樣的孩子呢？我常常想，自己的成長並不快樂，但我希望之後的孩子可以感受到人的愛及所需的快樂；也許我能幫孩子的就那一點點，能做的事也是一點點，但一點點總比沒有好。

在協會，我學習關於 ADHD 的事來幫助我自己；另一方面，我試著去帶給協會孩子開心。從一開始只是個托育志

工，然後是營隊志工，也在協會幫忙一點資料搜尋，到後來我對 ADHD 愈來愈認識，開始為孩子上課，並開始為家長提供電話諮詢……這些過程不僅讓我不停的精進專業，也透過自身經驗的嘗試，發展出了我對 ADHD 知識的理解及各式各樣問題的處理辦法。

我畢業論文的主題是以「ADHD 父母的教養團體」為主軸，從事志工的過程裡，我看見許多父母的掙扎，我一邊試著體會我父母的心情，一邊也對照自己的經驗；我聽見很多家庭的故事，我學習做個輔導者。也由於過去在赤子心協會擔任義工的經驗對我很有幫助，我下了一個決定：要當個「橋」，一座孩子和父母間的橋，幫助父母理解孩子、為孩子發聲，也協助父母想辦法來幫助孩子。**這本書就是希望達到「橋」的功用**，當然專業無窮盡，個案也不盡相同，有的問題太複雜，我也無能為力；當我不能理解的時候，我能給的就只有陪伴和傾聽。

我對孩子的心意，一直到現在仍然持續在落實，我陪伴著我周圍 ADHD 的孩子，希望能陪著他們走到我們必須分別的那一天。我身邊有個孩子，從國三開始我就陪伴著他，到現在他大二了；另一個孩子，我從他小二就認識他，現在

他也大一了。當然也有許多只在我生命中曇花一現的孩子，但我相信這些孩子當他們回顧生命時，都能找到溫暖的那一刻。

　　藉此我想鼓勵家長們，我知道孩子不容易帶，不過不要讓孩子生命中缺乏溫暖的愛及快樂時光；有溫暖及快樂時光的孩子，會有更強大的生命力及抵抗嚴苛環境的能力。以我自己的成長過程來說，以前我時常覺得我的生命快凋零了，所以，更真心希望現在的孩子不要像我們那時候一樣，我深切體認，唯有孩子感到快樂，自然就會長出強大生命力，所以我想守護這些孩子的快樂。但就在這些過程中，我自己相對的也得到許多人的愛與關注，結果我的生命又得以有了新的滋潤及生命力。

　　做孩子的安全堡壘吧！讓孩子被你愛的陽光給浸透！

　　在愛孩子之前，最重要的是先愛你自己，你才有能力愛孩子；多點休息，給自己滿足；常常肯定自己，要有社交生活，孩子的事晚點再處理也不會變成世界末日的，如此一來，你才會更有力量及有更多的愛來幫助孩子。

⁂ 職業試探

我的故事

　　就讀五專時，我就決定了未來要當一名特教老師。

　　我想當特教老師，主要是受了知名的兒童教育心理師<u>桃莉・海頓</u>系列的書的影響；我很羨慕她的工作，我覺得她是個很酷的老師，我希望自己也可以成為這樣的老師。

　　當我決定進入了特教領域，也有機會在赤子心當志工後，經常有機會與不同的 ADHD、自閉症、亞斯伯格的孩子接觸，也不停驗證自己確實是適合進入特教領域的人；開始幼教工作後，我則以特殊教育做為主要選修的領域，實習也在融合幼兒園，幫助許多特殊兒童。

　　為了增強自己的幼教能力，我主動的請求曾經見習的幼兒園，讓我在暑假時可以每天早上到幼兒園幫忙，一邊學習幼兒園的老師怎麼教孩子，一邊也增加與特殊兒童相處的經驗。後來，到了正式半年實習時，見習的幼兒園頭一年開了一個實習缺，應聘時，因為長期的彼此觀察，園所也樂意錄取我，讓我有了更多的機會和特殊兒童相處；同時，園所知道我有當特教老師的志向，也樂意給我嘗試獨立進行特殊兒童教學的機會。在那段時間，我學到很多，以致後來考研究所時，我可以從容應付考題。

　　我要分享的是：不要忽略在進入一個正式專業訓練前的職業試探。適當的職業試探，可以確保孩子不是只有幻想而誤入岐途，也可以驗證這樣的職業，是否真的合乎孩子的興趣及能力；進入專業前就已經有充足預備的孩子，才更不容易放棄專業的學習，對人生也會更有方向。另外，善用當志工的機會，將可以在未來替孩子爭取更多的職場機會，因為在免費的工作中，別人有機會觀察你，若你有好的表現，別人也會對你有比較強的印象加分。自願付出時間，在彼此已經有了良好關係和充足的觀察之下，孩子能獲得的機會及學習的內涵就會比其他人多上很多。

❊❊ 學習自我擁護

我的故事

　　由於我當時在五專唸護理科需要大量的實習經驗，所以我從二年級就開始實習了。第一次實習，我只能用「慘烈」來形容，因為還沒有養成習慣，所以健忘的毛病，讓我很辛苦，同學們都習慣了實習日程，我卻遲遲沒有辦法習慣基本的常規護理。老師為了幫助我，就讓我持續寫每日工作時間表，用來幫助我建立一天要做哪些事的概念；每天早上我要

讓老師檢查我的時間表，然後展開一天的工作。那一次的實習勉勉強強的完成了。

第二次實習，表現差強人意。結束時，我們開團體檢討會，同學們需要互相給予回饋。同學們提到我第一次實習的狀況……老師問：「怎麼沒有人跟她交接這些事？！」後來，老師交待我以後實習，需要主動跟老師報告我需要幫助的地方，還有我的強項、我的弱項。我記住了這些事，所以從第三次實習開始，我就會主動跟老師報告我可能有的狀況及需要幫助的地方；這也是自我擁護的開始。

到了後來，知道自己是 ADHD，也更認識 ADHD 的特質，同時也意識到更多在實習上會有的狀況。於是我在實習頭兩天交給老師一封信，說明我的狀況及需要，讓老師更容易對我實習時的優弱勢進行適性輔導。很多時候，這樣的舉動，的確對我帶來幫助；但也有例外的時候。曾經有一次實習，有個老師看完我的信，並沒有當一回事，結果，那次的實習，有一天我跟同學吵了起來，我氣到向對方吼著說：「我要殺死你！」老師立刻帶我到會議室跟我談話。我坦承自己情緒失控了，我提到我有在吃藥。

老師非常驚訝問我：「妳吃什麼藥？」

我回答：「過動症的藥。」

老師覺得不可思議。

我就問老師：「之前我給老師的一封信，老師看過嗎？」

「看了呀！但我以為妳在開玩笑……」

誰會跟一個才剛認識的老師拿這樣的事來開莫明奇妙的玩笑啊！

自我擁護方法

「自我擁護」這件事，有很多人會認真對待，也有的人不相信。

我的想法是：不拿 ADHD 當擋箭牌，而是溝通我會有的「狀況」，如：我動作笨拙，特別不擅長技術，需要老師多幫忙；我的理論還可以，這可能是我的強項，但如果老師考我，萬一我不會，我會改天查找答案跟老師報告；我寫字很困難，所以字跡很醜，但這不是我故意的，請老師多包容；我有時會忘記事情，也請老師提醒我或指導我，我會盡量去完成及學習；我做不好的地方，請老師示範給我看，我會很快的跟著模仿完成等等。完整的說明狀況及別人可以幫忙的方式，並且展示自己會努力的事，這樣可以得到更多的幫助及寬容。

在我二技開學第一天，安頓好宿舍之後，我就去敲導師辦公室的門。我告訴她我是 ADHD，我也給她看了一篇我的心路歷程演講稿，我希望幫助她在遇到我有困難時，她能有心理準備，也知道如何幫助我及協調老師、同學跟我的衝突。老師說她對我印象非常深刻，本來她還因此擔心我的適應狀態……還好，狀況雖然也不少，但還過得去，因為至少我是有自覺的。

建議家長在跟老師溝通狀況時，若能不只是講孩子是 ADHD 及其症狀，而是也能明白、具體的告訴老師「怎麼做來幫助孩子」，那麼孩子就可以有比較好的狀態及得到正確的約束方式，這些都有助於老師正視家長的意見，也對孩子能被用正向的態度、角度來對待。

* 年紀較大的隱障者孩子
對於年紀較大一點的孩子，家長可以開始教他們如何自我擁護。所謂的「**自我擁護**」就是認識自己；認識自己的優**點、弱點、會遇到哪些困境，在這些困境中別人可以怎麼幫助我**⋯⋯在不斷的嘗試中去修正這些敘述，例如：「我很健忘，我需要室友的提醒，這樣我才可以記得要考試、補課及交報告」、「我不擅長寫字，我需要使用電腦」、「萬一我

太生氣時，請提醒我現在我需要冷靜了，也不要跟我吵架」、「萬一我得罪你，我不是故意的，因為我可能太開心了或我搞不清楚社交規則，請直接告訴我，我會願意跟你道歉，也請你教我怎麼做」、「我很好動，萬一你受不了，請告訴我」等等。

* 隱障成年人

　　我想跟隱障者的成人分享：我認為坦承並且謙卑、誠懇，才是讓大家能接納你的方式；當我們愈能坦承，並尋求幫助，別人才更有可能的樂意幫助我們。自我擁護，能讓你發揮長處，並且被大家接納，不要想隱瞞，這樣反而可能會被看成是不負責任的人。

　　有時候在工作的狀態，我也會使用自我擁護。

　　我記得在二技的半年職場實習，我就跟單位說，我有ADHD，每月也需要去醫院拿一次藥；但我同時也向別人展示我的長處及優秀的成績，加上我曾經在那裡見習一個月，有著還不錯的表現，所以單位接納我，也允許我每個月用孩子午睡的時間去拿藥。

　　雖然告訴別人你的問題，可能會使你被質疑，也有可能失去工作的機會，但是也因為坦承的溝通，你才可能會得到

更多的接納，因為對方是仔細思考後才用你的。當然你也要有一定的長處及努力的表現才行，並且在弱點上清楚的知道自己需要什麼幫助，讓別人好與你配合，不要自己什麼都不知道，或兩手一攤，這些都是不負責任的行為。

✳ 工讀，是最好的職前預備

我的故事

　　五專的時候，學校規定每個人都要進行兩次工讀，用來體會職場的辛苦，並且磨練職場經驗。工讀的工作就是在醫院或學校各個單位，做最基層的小妹。第一次工讀，我進入了病歷室，工作就是送病歷。憑著我的過動，說真的，我很快就適應得很好，單位的姐姐們也都很喜歡我。那次的實習，我拿了 93 分；超過 90 分，主管還要寫報告說明為何給那麼高分呢！第二次工讀，我進到了圖書館，在那裡的工讀慘狀，我在第二章裡已經詳述。圖書館的工讀結束，我只拿了 63 分；同樣的，低於 70 分，主管也要寫報告，說明原委。

　　兩次的工讀歷程及感受大不同！綜合來說，我有個感觸，特別是對 **ADHD** 來說：**適性化的工作與學習比什麼都重要！**第一次工讀，是因為適合我的個性，所以我是優良員工；第

二次工讀因為太多做不來的事，結果我只是個扶不起的阿斗。

除了這兩次的工讀經驗，偶爾我也有打工的機會，多半都不是我主動找來，都是工作來找我；但因為性質都太合適我了，所以都能獲得極高的好評，例如：我幫老師顧小孩、幫老師將資料打成電腦檔，後來研究所也做了關於兒童語言的分析研究、做特殊兒童的家教……這些工作的特點都是要快速的電腦打字能力，或是要擅於和兒童相處，光是這些工作的表現，就讓我足以獲得許多老師的認可，即使是不認識我的老師。

在這些工作的過程裡，我不停的去驗證自己是個怎樣的人、擅長什麼事情，社會對工作者的期許是什麼，也不停學習怎麼樣迎合顧主的需求……有了許多工作經驗及社團經驗後，逐漸的，我也已經預備好進入職場，成為一個主動工作者。

其實在孩子成長的路上，我們要經常為孩子做好預備工作：

1. 了解孩子的興趣與能力：

每個孩子都有他天生的興趣取向，及敏感的能力，我們不僅要清楚了解，更要不停的鼓勵孩子在他的能力上發展。

2. 清楚孩子的優弱勢：

孩子什麼事能做得來，什麼做不來；什麼事可以讓孩子特別容易發揮，什麼事孩子肯定要吃大虧……例如：不擅長社交的孩子，就沒有必要逼孩子去做銷售員。我曾經遇過一個家長告訴我，他的兒子社交能力從小就非常弱，現在主要是做旅行社的內部行政，雖然做得也很好，可是社交能力沒有改善，他很想建議兒子轉業去做保險，讓他可以學習與人互動，也讓他有練習與人互動的平台。聽了這家長的想法後，我告訴他，能做保險的人，多半都是喜歡與人互動的人，也多半在人際的能力上稍微優於其他人。他的兒子既不是這樣的性格的人，現在他這份內勤工作做得好好的，若真逼他轉業到一個不合他性格及能力的行業去，會不會最後把他兒子給擊垮了？我勸他三思。

其實仔細想想我們自己的工作，通常我們會留在一個領域裡，多半是知道自己有能力做這樣的事，如果做不來，早就辭職或被解僱了！既然我們都是這樣的，又何苦逼自己的孩子呢？

3. 技能：

基於孩子的興趣能力，我們試著跟一些專業技能做結合，使其能不停訓練，直到他發展了一項專業的技能，例如：打字、計算、繪圖軟體等等。

4. 專業：

建基於技能，我們引領孩子學習一個領域的專業技術，如：計算擅長的孩子，我們引領他學習會計；音樂敏感的孩子，我們訓練他在技巧上專精，也經常讓孩子有向親朋好友公開演奏的機會；繪圖專長的孩子，我們讓他學習設計的概念，並開始練習設計一些標語、商標、圖騰等等。

5. 態度：

讓孩子學習在每件事上，都要認真以對，尤其在孩子感興趣的事物上，我們需要逐漸要求品質，例如：打字是孩子擅長的，我們就要要求孩子盡量沒有錯字；畫圖是孩子擅長的，我們要求孩子要在自己的畫上做到細緻；做家事時，要讓孩子對某樣家事，做到徹底的專業。

6. 了解顧主的需求：

平常就要教孩子聽指令、確認指令，學習思考猜測指令背後的需求及目的，不要只是會聽表面的話，例如：媽媽花錢請他幫忙擦拭家具，就是需要他擦拭得特別乾淨、不留灰塵，如果有飾品擋著，那肯定也要拿起來擦拭；請孩子幫忙做某個物件 100 份，孩子就要懂得先做個樣品給家長確認後，才開始大量製作；請孩子幫忙安排家中的大型活動，孩子則要懂得不只是安排節目，連需要的物品及餐食都該一起思考；喜歡音樂的孩子，則要學習為自己辦音樂會，也要自己思考整場音樂會的曲目、考量自己擅不擅長，教會他以聽眾的角度去思考，怎樣做才能辦場成功的音樂會（可以先從分析別人的音樂會開始，先學習分析評論）。

7. 職業試探：

當孩子掌握了一些技能及專業後，要帶孩子了解相關領域有哪些職業，也讓孩子有機會做職場試探。可以透過打工、志願服務等方式，讓孩子去嘗試接觸那些行業，評估看看自己是否合適或是喜不喜歡；若未來想做這樣的工作，還有哪些部分或態度是自己可以再加強的……透過不停的驗正、回饋、反思，最後可以找出自己的一條路。現在的國小

孩子，可以透過 BABY BOSS 玩樂的方式來探索，但國中後的孩子就應該更接近現實面，而不只是玩樂；愈接近現實的模擬是非常有必要的。

8. 鼓勵孩子夢想：

常常讓孩子去想想未來他想做什麼、能做什麼，保留孩子的夢想，再帶孩子去了解職業的實況，同時鼓勵孩子經常去思考；若孩子確立了對這個職業有興趣，那麼他又可以為自己做什麼？有夢想的孩子，未來也會比較有方向。

9. 不怕失敗：

我自己唸了三個專業，其中一個專業是我完全用不上的；走了四個領域，現在又踏上了兩個新專業（復健諮商、心理諮商）。不同的專業，都讓我更進一步去體會及描繪我自己工作的夢想藍圖，我目前還在一個進行式，我希望再接觸其他的專業，最後整併出我自己想要的特殊教育。

不要怕你的孩子失敗，也不要怕他轉科；不怕願意嘗試及付出的孩子，只怕沒有夢想的孩子。

預備孩子的時間是很長的，但從小訓練的孩子就比較容易適應職場，即便孩子因為自己的障礙特質，可能在職場不

是盡善盡美，但至少也還有許多強項讓職場樂意包容他。最怕的就是，孩子既沒專業又沒態度，那麼孩子可能會遇上一連串的職場失敗，最後只能鬱鬱不得志或在家啃老，可惜了孩子的一生。

** 我的演講生涯

五專畢業，赤子心邀請我在協會為家長們進行一次心路歷程的分享，那次是我第一次公開演講。我的故事其實也是其他孩子的故事，非常成功的引起了聽眾的共鳴，甚至協會還用了大量的會訊篇幅，將整篇演講的逐字稿刊登出來。

那年暑假，學校的諮商中心主任，剛好也在為台北市的教師進行培訓，她忽然想到，或許可以讓我跟老師們分享我身為 ADHD 的心路歷程。其中有位學員聽了之後感受很好、感覺受益良多，讓她認識也了解 ADHD 學生的心情，於是就向他們學校舉薦我；一連三場的演講，我的演講生涯就這樣展開了。

頭兩三年在協會的安排下，主要都是講自己的心路歷程，也有機會接受一些雜誌、媒體的採訪，從不同的管道，就產生了不同的機會。後來，有些演講雖然以情緒輔導當主題，

但主辦單位希望能聽到更多的自身歷程，慢慢地，我就專注在這一塊了；同時又讓我往專業主題上更跨前一步。

上了研究所之後，吳教授讓我有機會去為大學部的學生上一兩堂課，我便慢慢結合自己的志工經驗，加上對孩子的認識愈來愈多，也開始獨立帶孩子做團體，漸漸地，我便進階的有能力去講一些比較專業性的主題；這幾年也多半是以「對 ADHD 學生的輔導」這一類的相關主題為主。另外，因為論文的緣故，也開始涉入了親職教育的領域，也會分享 ADHD 的教養議題……透過一場一場的演講，我愈來愈老練，從一開始非常緊張、害羞，到現在已經駕輕就熟，就算有幾百人在台下，也不會感到怯場。

在這一步一步發展的演講生涯裡，我有機會遇到非常多的家庭及個案，也認識了許多的人，聽到了許多老師、家長的心聲，每次跟聽眾互動的過程，就是增加我之後演講或寫作的素材，交織出許多的人際關係、拓展了我自己的視野。我經常在這些交流中去感受到老師及家長的為難，也去體會他們的心情和角度，我開始建構出一個具有「家長、老師、孩子」三個角度的思維，而不再只是一味的偏坦孩子，或用孩子的世界批評成人。我真心很感恩自己有機會認識那麼多的人，也跟著這些人一起學習及成長。

⁑ 我的斜槓人生

「斜槓」是近幾年火紅的流行語，加上疫情使然，線上課程蔚為風氣，到處都是在教人如何將知識轉化成錢幣的課程；網上的各種網課也迅速竄升，什麼東西都可以在網上學。

ADHD 是一個很喜歡開技能的障礙，我也不例外。我光是在學校學習、有學歷的專業就有：護理、幼保、特教、諮商、復健諮商；五專時，一口氣玩五個社團；從小到大練過的運動有：跑步、籃球、游泳、直排、跆拳、滑板；目前個人有兩個粉專，出過繪本和教養書；我還在 NGO 當過社工，做過自學學校老師、諮商師、特教機構老師；為了孩子們，我還特別去學了烘培丙級和兒童編程；對於桌遊的愛好，我甚至嘗試設計桌遊（只是目前還沒有成功作品）……我什麼都想試、什麼都想做，我非常好奇，很喜歡「學中做，做中學」，所以我學了什麼，我就會去找學生教，最終化成可以「點開隨用」的技能。

我總是戲稱我的職業是自由業，想接案就接案，隨心所欲；永遠不夠錢學習和治療，但也永遠不缺錢（可以隨時開業給自己打工）。就是這樣一個喜歡接觸新事務、喜歡學習

新東西、喜歡讀書的我，成就了我的斜槓人生；而且我的標準從來不低（一直的標準都是向職業水平看齊）。

其實能夠多接觸孩子，可以有機會學以致用，就有機會開啟自己的斜槓人生！人生不試怎麼知道，試得愈多，才會知道自己喜歡什麼、適合做什麼；人生不設限，也不需要設限。

寫在最後

***** 致 家長們

「一枝草,一點露」,是趙文崇醫生最常掛在嘴邊的話。趙醫生常說:「學障生的生涯輔導,愈早開始愈好,不要再單戀學業這條路,因為孩子是匠才、他們是師傅,而不是讀書人。」

做為家長的,平日要給孩子大量的生活經驗與活動參與,帶孩子認識世上各行各業,課餘時間要多實作、體驗(志工、營隊、比賽、社團),慢慢從孩子的本質與生活經驗去聚焦,並且按著孩子的人格特質、障礙特質與價值觀來慢慢畫出細部路線,最後引導孩子走上屬於自己的路,孩子就能擁有屬於自己的那片天。

我見過很多孩子，國中小學習不理想，但上了高職後，或者選了設計、汽修、機械，突然人生走出了一片天，還成為科系中的頂尖，之後照樣上科大、有好工作、讀碩士。我自己差不多也是這樣的路。

其實唸高職、五專很好，因為多了一次生涯探索的機會，可以選擇自己的人生職業與定位，不喜歡再拍拍屁股走人，都不是那麼困難。所以，若孩子不是鎖定了大學才有的科系（如昆蟲系）或是非唸高中不可，其實職校反而可以是更高明的選擇。放開，反而有另一片美好的天空。

** 致 有緣的你們

當無所事事充斥著生活的節奏
生命的空白占有了每天的空間
一日又一日 找卻找不到迷宮的出口
望著天花板 想著人生的解答卻找不到去處
什麼才是人生的盼望？

路走在腳下 但卻總是在原地踏步
空白 是唯一的路上的景色
我到底在等待什麼？

想拿起顏料，揮灑上各種色彩
卻僅有白色顏料
白色到底有沒有自己的顏色？

外面有塊藍天 有著燦爛的陽光
奔跑 到底哪邊才是夢想的土地
不確定
我以為的夢想 夢想會只是一個無法理解的信念嗎？
幻滅

忍耐 是唯一渡過冬天的方式
埋藏的小芽 要在春天才能探出頭來
時間是唯一的解答
堅持邁步才可能從原地走出去
相信是唯一的回應
只因為這是我們唯一的相約
那份永不能改變的約

這是我最後送給大家的一首詩！

當我們奮力向前的時候，我們可以從我們現有的地方走出去。天地是大的、世界是美的，當大家相信老天讓每個孩子都有自己的恩賜才華，每個人都是上帝所眷顧的寶貝，你會知道孩子（或你自己）不是一個理所當然的失敗品，而是上帝視為寶貝的傑作，都是上帝手所做的佳作。

人生的精彩也不在學習階段，而是用一輩子來實現那精美的目的，身為我人的我們，最重要的是發現那從我們生命之初就有的那組密碼與命定，當我們發揮自己的才華，我們就會成為這世界的一道光，可以為生命添上美麗的色彩，一個我們專屬的色彩。

好學習 *067*

跳過學障的高牆
國內第一本非語文學障者的自傳，讓獨特的人生成為不受限的力量

一本寫給你及家長們的「生存訓練策略書」。

作　　　者	秦郁涵（特教老師）
顧　　　問	曾文旭
出版總監	陳逸祺、耿文國
主　　　編	陳蕙芳
文字編輯	翁芯琍
封面設計	陳逸祺
內文排版	李依靜
圖片來源	圖庫網站：shutterstock
法律顧問	北辰著作權事務所

印　　　製	世和印製企業有限公司
初　　　版	2022年06月
出　　　版	凱信企業集團-凱信企業管理顧問有限公司
電　　　話	（02）2773-6566
傳　　　真	（02）2778-1033
地　　　址	106 台北市大安區忠孝東路四段218之4號12樓
信　　　箱	kaihsinbooks@gmail.com

定　　　價	新台幣320元／港幣107元
產品內容	1書

總 經 銷	采舍國際有限公司
地　　　址	235新北市中和區中山路二段366巷10號3樓
電　　　話	（02）8245-8786
傳　　　真	（02）8245-8718

國家圖書館出版品預行編目資料

跳過學障的高牆：國內第一本非語文學障者的自傳／秦郁涵著. -- 初版. -- 臺北市：凱信企業集團凱信企業管理顧問有限公司, 2022.06
　面；　公分
ISBN 978-626-7097-18-2(平裝)

1.CST: 學習障礙 2.CST: 特殊教育

529.69　　　　　　　111007107